最短最速でヒラスズキを釣る！

スタンバイからキャッチまでに必要な4つの扉

ルアーパラダイス九州編集部・編

つり人社

最短最速でヒラスズキを釣る！　目次

第1の扉

ファーストGATE　11

最初の1尾を最短ルートで獲るための11ヵ条

第2の扉

スタンバイGATE　23

戦略と装備と安全面、いずれも万全の備えで臨む

第3の扉

フィールドGATE 89

四季によって変化する習性とフィールドの違い

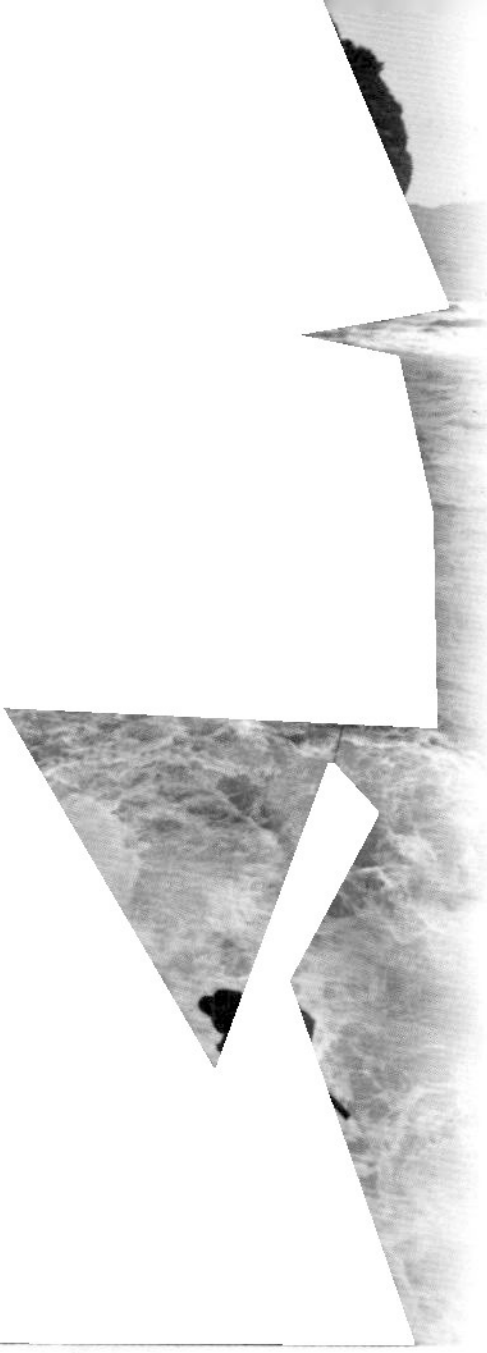

第4の扉

アプローチGATE 105

実戦の絞り込みに磨きをかける

サラシの支配者
ヒラスズキを釣る

ヒラスズキは、本州では房総半島および福井県以南、四国、九州の沿岸に生息する

白銀を思わせる
一面のサラシに
躍り出る銀鱗。
その1尾と自分が
つながっているという

凄まじいエネルギーに
満ちた自然と一体化す
強い刺激が
身体中を駆け巡る。

冬限定と思われがちな
ヒラスズキのシーズンは
案外長い。
シーズンインは秋で、
その後冬、春、初夏まで続く

梅雨が明けて
盛夏を迎えたところで
シーズンオフとなり
涼しくなる秋の
彼岸以降に秒読みに入り
10月を迎えると
再びシーズンの扉が開かれ

唯一無二の世界観に支配された
ヒラスズキを最短最速で手にしたい。

準備から実践までを解説した本書は、
そう願うすべての人に、
ヒラスズキへのゲートとなる。

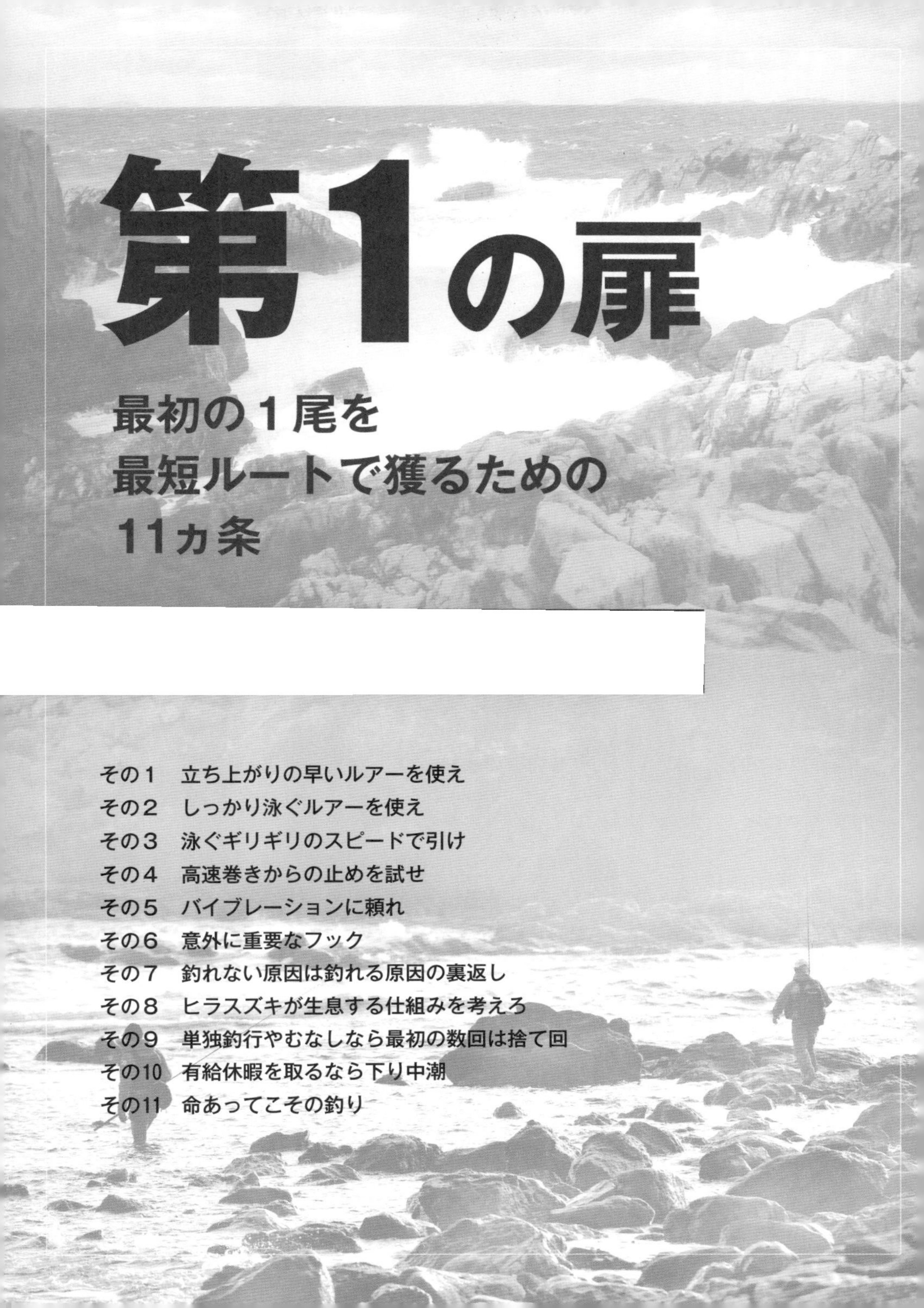

第1の扉

最初の1尾を
最短ルートで獲るための
11ヵ条

その1　立ち上がりの早いルアーを使え
その2　しっかり泳ぐルアーを使え
その3　泳ぐギリギリのスピードで引け
その4　高速巻きからの止めを試せ
その5　バイブレーションに頼れ
その6　意外に重要なフック
その7　釣れない原因は釣れる原因の裏返し
その8　ヒラスズキが生息する仕組みを考えろ
その9　単独釣行やむなしなら最初の数回は捨て回
その10　有給休暇を取るなら下り中潮
その11　命あってこその釣り

11ヵ条
その1

立ち上がりの早いルアーを使え

この違いが大きな差

ルアーを巻き取り始めたらすぐにルアーに備わる本来のアクションを起こし始める。これが立ち上がりの早さである。

ルアーの立ち上がりの早さは荒れた海面が相場のヒラスズキ釣りでは欠かすことのできない重要な要素となる。

ルアーは基本的にリーリングすることで初めてアクションする。ルアーが着水した時点では、ラインはキャスト時に出たスラックがあるのでまだ張った状態にない。ルアーが着水したらすぐに余分なラインを回収するのが鉄則で、回収するとラインは張る。そしてルアーを巻き取り始める。この余分なラインの回収、張った状態、ルアーの巻き取りは一連の流れで行なう。

しかし、ルアーの中には巻き始めてしばらくしないと本来のアクションを起こさないものがある。これには海面の波の動きなども関係しているが、荒れた状況でも着水してから巻き始めたときにはすでに姿勢が安定しており、アクションを開始してくれるような立ち上がりの早いルアーを使うようにしたい。

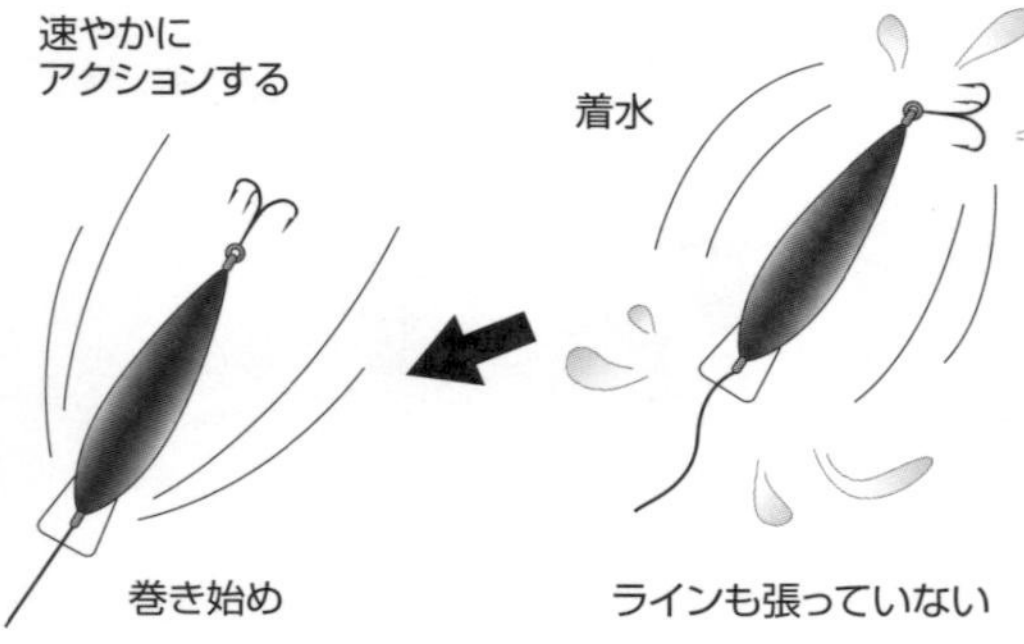

特に、魚の活性が低くてルアーを追う距離が短ければ短いときほど、立ち上がりの早いルアーを使うか否かが明暗を分ける。サラシが薄いときにピンポイントから魚を出そうとするときにも必要な要素になる。

同じフローティングミノーでも、立ち上がりが早いものとそうでないものがある。もちろん、タイプの違うリップレスミノーやシンキングペンシルなどについても同じことがいえる。

立ち上がりの早さはルアーのタイプの違いではなく、個々のルアーの質といえる。立ち上がりの早いルアーは、レスポンスのいいルアーとも呼ばれる。

実績の高いルアーはいずれもレスポンスのよいルアーであり、HRTM、K2F、タイドミノー、アローヘッド、ショアラインシャイナー、チンパン、アイルマグネットリップレスミノーといった名作と呼ばれるルアーがある。もっともこれは一部に過ぎず、さらに知るにはプロショップなどから聞くとよい。

11ヵ条
その2

しっかり泳ぐルアーを使え

シケに翻弄されないタフさ

しっかり泳ぐルアーは、先に紹介した立ち上がりが早いルアーと重なる部分が多いものの、まったく同じではない。立ち上がりが起点での話であるのに対し、こちらは引いている最中、線での話だ。

海がシケると海面は実に複雑な動きを見せる。サラシや強風といった荒天時特有の状態に加え、上げ潮や下げ潮といった潮の変動によってできる流れも絡んでくるためだ。穏やかなときにルアーを引くのとは状況がまるで違うのは言うまでもない。

ヒラスズキに肉迫するルアー選びは、「対魚」という観点のほかに「対環境」という観点も少なからず必要で、苛烈なまでに荒れた中で釣りを成立させようとすれば、自重があって沈むタイプの一択に制限されるケースも出てくる。

しかし、それでも理想はなるべく浅いレンジのチェックからスタートし、サラシの中や際、直下を通せるルアーから使っていくことであるのは間違いない。

その際、巻き寄せているルアーがサラシにもみくちゃにされたり、押し寄せた波や流れの変化している場所、風に取られたライン軌道などによって海面から飛び出したり、転がったりするようでは釣れるものも釣れなくなってしまう。

つまり、荒れた海でも飛び出したり転がったりすることなく、しっかりと水をつかまえて泳いでくれるルアーがとても頼りになるのだ。使う側にとっても確かな使用感が得られやすく、半信半疑の心持ちで釣りをせずにすむ。

言うまでもなく、しっかり泳ぐルアーはリップ付きミノーやリップレスミノー、シンキングペンシルといったさまざまなタイプのルアーそれぞれに存在しており、形状、体積、自重による物体としてのバランスや水中での姿勢などから決まってくることが多い。

特にリップ付きのミノーは、リップの大きさや角度、厚みによって水噛みが決まってくることが多く、揃えるときは「リップ形状の異なるルアー」を意識しておくとムラがなく備えられる。

また、ノーマルの状態で使うばかりではなく、ボディーにシンカーを貼り付けたり、フックサイズや軸の太さを変えるなどしてフック重量を変えることでもルアーのバランスを変えられ、ひいては動きも変えられるため、揃えたルアーが実力を発揮できるように調整するのもこの釣りの探求しがいのある部分である。

引いた感触がまったくなく、波にさらわれたときにだけ重みがグッと乗ってくるような場合にはルアーがしっかり泳げていないと考えてよい

11カ条
その3

泳ぐギリギリのスピードで引け

瀕死のベイトを演出

釣りをしながら判断すべきは、ヒラスズキの活性、サラシの厚さ、波の具合、流れなど。釣行日のヒラスズキの活性が高いか低いか。この違いは、バイトの大小やルアーを追う距離の長短となって表われる。

活性が低いとルアーを追う距離は短くなりがちである。そのため、速い巻き速度には追いつかなかったり、追いきれなかったり、すぐにあきらめたり、場合によってはルアーを見るだけで終わるといった状態が予測される。そうした状況下にルアーを捕捉してもらい、決して高いとはいえない食い気にアピールし、襲う気にさせる。その手段のひとつが、ルアーを泳ぐギリギリのスピードで引くことだ。

yota
yota
元気のない
いまのオイラでも
食えそうだゾ

ゆっくり泳いでいればヒラスズキの動きが鈍くても反応する可能性を高めてくれる。そして、なにより瀕死のベイトを演出できる。

ゆっくり引いて波やサラシに飲み込まれてもみくちゃにされてしまうとよくないが、その一歩手前のところでなんとか自力で泳ごうとする小魚をイミテートできれば、誘いとして成功する。

海況に対してどのルアーならギリギリで泳がせられるか。これを考えて選ぶようにしたい。シケの状態がひどければ表層系のルアーやリップがついたルアーはゆっくり巻きにくくなる。リップレスミノーがいいかシンキングペンシルやバイブレーションがいいか、と考えつつ、同時に表層系ルアーで勝負ができるポイントは逆にどこか、と見渡すとよい。

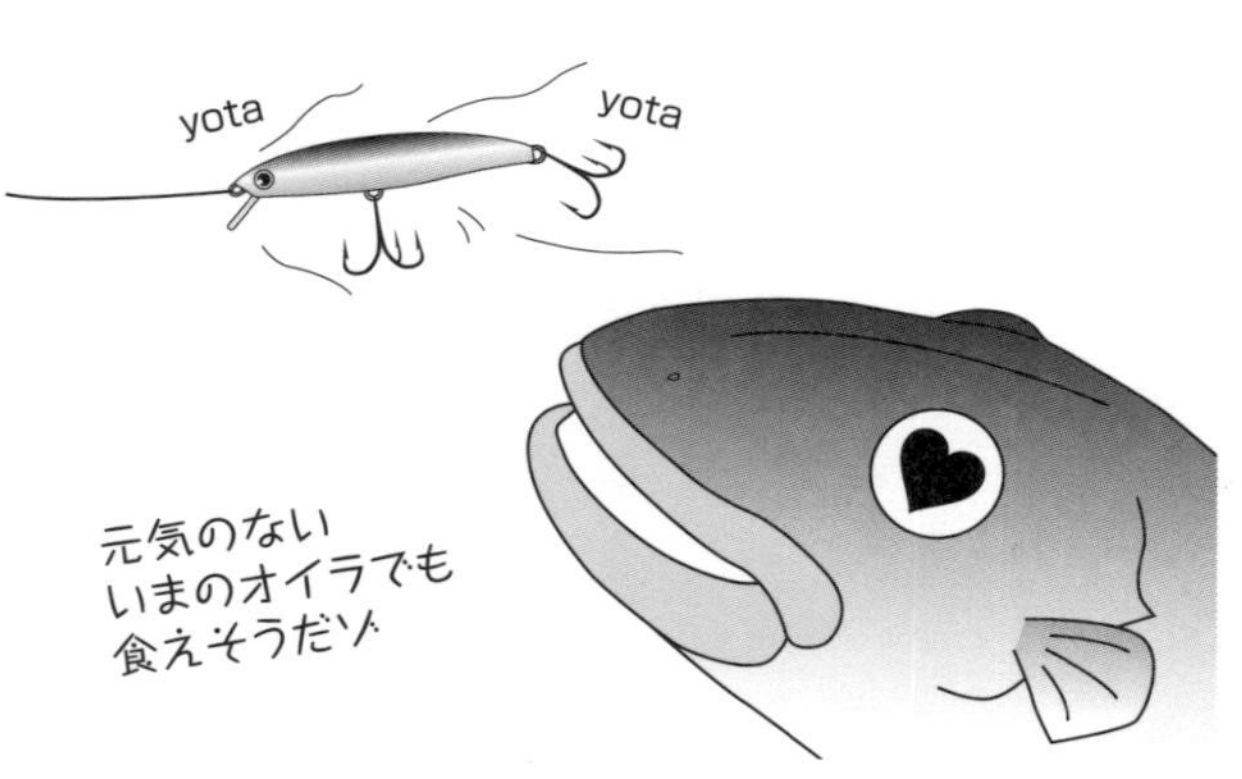

11ヵ条
その4

高速巻きからの止めを試せ

動きのギャップで誘え

ヒラスズキの活性が高いときにも低いときにも通用するのが、高速で巻いたルアーを途中でピタッと止めることだ。この操作法は動きのギャップが大きい。高速時には高いアピール力となり、そこから一転して動きが止まる。ヒラスズキからすれば、止まった瞬間こそ獲物を襲うまたとないきっかけになる。つまり、止めは食いの間である。メリハリを効かせるところがミソで、そこが反射食いに結びつく。

ルアーをピタッと止めるのはヒラスズキの目の前がよく、波が直接ぶつかる場所はヒラスズキもいられないため、どこで止めるのがいいかを自分で探すようにしたい。

ルアーを高速で引くと強い波動を出す。これがヒラスズキにルアーの存在を知らせることになる。高活性だとそれにさえヒットすることもある。低活性だと見ただけで動くことはない。しかし、止めが入った瞬間は、まさに無防備なエサを思わせるようだ。

もっとも、低活性ではヒラスズキの至近距離で止めを入れないと効果が出ない場合も多いので、ポイントを見る目やタイミングの取り方が問われる。逆を言えば、ポイントを見る目やタイミングの取り方が養われる。

次に、フローティングでやるかシンキングでやるかを意識しておきたい。フローティングは止めると浮き始めるし、シンキングは沈み始める。どちらが有効かを釣り場で見極めるようにしたい。もっとも、ヒラスズキは自分より上層にいるものを襲ってくる場合がほとんどなので、基本はフローティングで試す技だと考えてよい。

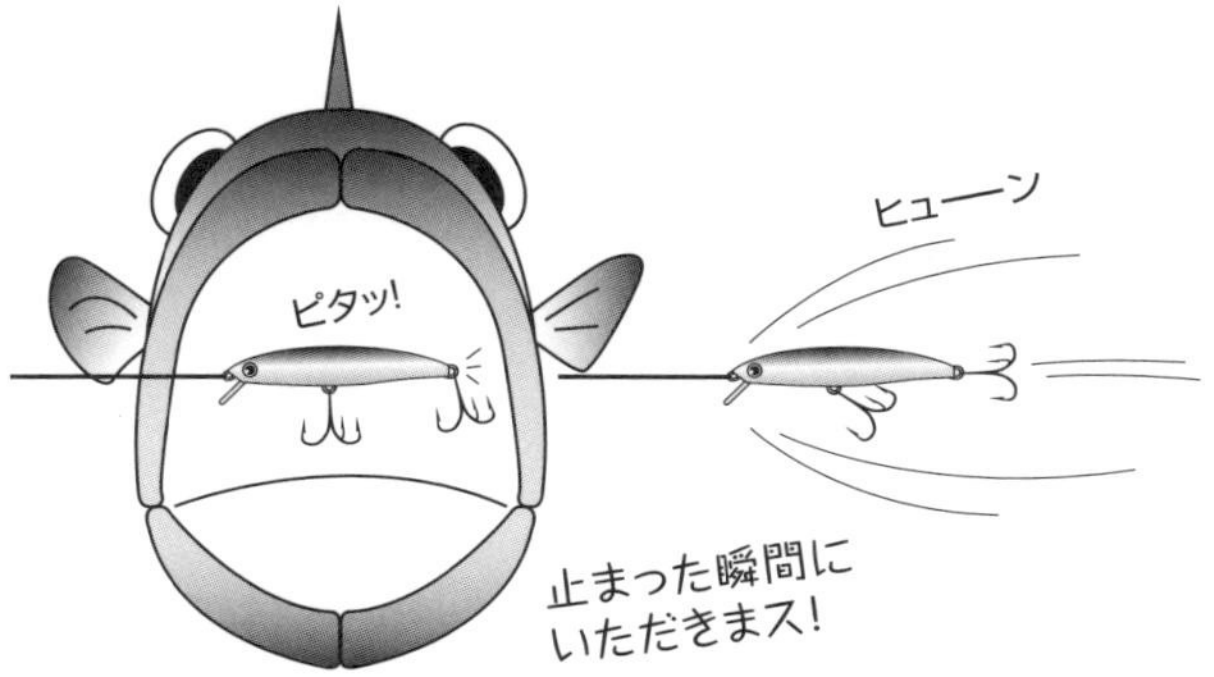
ヒューーン
ピタッ!
止まった瞬間に
いただきまス!

11ヵ条
その5

バイブレーションに頼れ

ユーティリティープレーヤー

ヒラスズキ釣りにおけるバイブレーションは独特なポジションにある。そのひとつは使用シチュエーションで、もうひとつはスタイルや美学の観点である。

バイブレーションは自重があるため、シケがひどくても飛距離が稼げ、ベイトサイズが小さいときにルアーをワンサイズ落としてもポイントまで届けやすい。沈めて深いレンジに入れることもできれば、巻き取りは早くなるものの表層を引くこともできる。小難しい操作も不要で、ただ巻きで使える。それどころか、強風が吹き始めてシケ上がるときにはバイブレーションしか通用しない状況さえある。

これが使用シチュエーションのことで、絶え間なく波が押し寄せて海面の乱れがひどい場合には成立するルアーが限られる。

飛距離を出しやすく、レンジの調整も簡単、巻くスピードを変えてやれば軌道が上下動を描き、誘いの幅を広げられる。これが強みだ。逆に、サラシが薄かったり小さかったりするときにはヒラスズキがスレやすくなるため、なるべく頼らないほうが賢明ではある。

もうひとつのスタイルや美学の観点とは、乱暴な表現をすれば無策でも釣れるバイブレーションを使って釣ったところで満足できるか、という価値観の話である。

これは本人がどう感じるかである。釣りの面白さを知るには、最初の1尾をキャッチしないことには始まらない。スレやすくなるのを承知のうえで、まず1尾をキャッチするには非常に有効で、手っ取り早い。スタートを切るのにバイブレーションは有用である。

ヒラスズキアングラーとして第一歩を踏み出した先は自然とスキルが身につき、徐々にバイブレーションに頼る局面が減っていくに違いない。

ヒラスズキ釣りに慣れれば使用機会が限られてくるのがバイブレーションだが、最初のうちは活躍してくれる

11カ条
その6

意外に重要なフック

特性を把握しておく

魚の口をとらえ、保持して連れてくるのはフックでしかない。それを考えると侮れないアイテムである。フック選びの前提は、より確実に掛けられる鋭さを備え、伸びたり折れたりしないことだ。そして、フックのタイプの違いよってどちらを採るかを選択する。どちら、とは掛け重視かバレにくさ重視かである。

その前に、ヒラスズキではまずトレブルフックの使用が基本と考えてよい。荒波の中でヒラスズキの口中や口周り、ボディーを捕らえるにはフックポイントが多いほうが有利なためだ。さらに、フック数もひとつよりはふたつ、ふたつより3つのほうがフックアップ率は上がる。

フックのタイプの違いはトレブルやシングルのほかにもある。軸の太さや長短、ハリ先の立ち上がり方、ベンド（曲がり）やゲイプ（懐）の違いだ。

一般的に長軸は小さな力でも掛かりやすく、短軸は口中に入りやすくて一旦掛かるとバレにくい。ハリ先が真上を向いていると掛かりやすく、少し内側にネムッているものは滑る可能性があるものの肉に入ると貫通しようとする動きになり、入ってしまえばバレにくい。円状ベンドは負荷が一点に集中するのを防いでゲイプ全体に力を逃がし、角度がついたベンドはブレずに保持する。ゲイプが広ければ厚い肉でも貫通して保持し、狭ければ薄い肉や狭いところでも掛かってくれる。円状をラウンドベンド、角度のついたものをスプロートベンドと呼ぶ。

サイズは、トレブルだと大きくて#1～小さくて#5あたり。軸はやや太軸（ミディアムヘビー）が標準で、ハリ先がルアーのボディーよりも出る大きさにする。

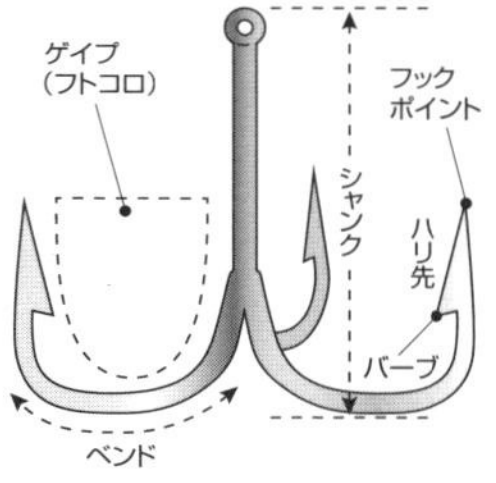

細軸は刺さりやすく、太軸は刺さるのに力を要するが丈夫。長軸は掛かりやすく、短軸は貫通してしまえばバレにくい

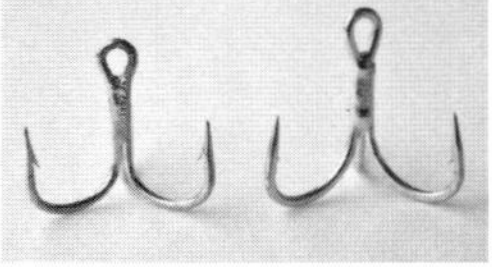

フックひとつとっても形状や軸の違いで特徴が異なり、こだわりたいパーツだ

フックはしっかり刺さって貫通したあと負荷に耐えることが大事		
軸	細	刺さりやすく、貫通しやすいが負荷をかけたくない
	太	刺さり、貫通するのにパワーを要するが丈夫
軸	長軸	掛かりやすい
	短軸	貫通するとバレにくい
ハリ先	ストレート	掛かりやすいが、負荷がハリ先に集中
	ネムリ	肉をとらえると貫通しようとする

11カ条 その7

釣れない原因は釣れる原因の裏返し

はめる

釣れない原因を大きく分けるとふたつしかない。

ひとつは自然界に理由がある場合と、もうひとつはアングラー側にある場合だ。

釣り場に出て釣れなかったときに、その原因をすべて自然界の側、つまり低活性や魚が抜けていると考えるのは自由であり、誰に迷惑をかけるわけでもない。ただ、釣れないときはやはり何かを外している。そこを考えれば、徐々に外した何かをアングラーの側で補えるようになっていく。

自然界にある釣れない理由とはおよそ次が挙げられる。

○そもそもオンシーズンではない
○サラシがない
○ベイトが乏しいまたは不在、極小
○サラシが薄いまたはない
○逆にサラシが酷すぎる
○急激な水温低下

右の因子は人間にはどうすることもできない。

続いてアングラー側にある原因。

○エリア選択が間違っている
○ポイント選択ができていない
○トレースコースが合っていない
○ルアーサイズやタイプの選択が違う
○レンジが合っていない
○リーリングスピードが違う
○飛距離が足りていない
○アクション過多もしくは不足

これらは自分次第でどうにでもなる。

実際の釣り場は、自然界の因子と人間側の因子がミックスされた状態にある。だからこそ釣り場を読み取る読解力と釣技の調整力が求められ、そこがヒラスズキ釣りの奥義であり、根っこにある楽しさである。

サラシが薄ければ、それを補うだけのベイトがいないかを探したり、時間帯を変えたり（ただし安全最優先）、飛距離が出せるルアーを中心にローテーションしたり、逆にサラシが酷すぎる場合はその釣り場を速やかにスルーして先を急ぎ、風をかわせる地形に入ったり、急激に寒くなったときは釣行日をズラすなど、ひとつの状況に対して次の手を打てるかが大切である。そして、どんな手を打つかで事態がどう変化するかを体験的に集積しておきたい。

釣り場の状態と自分の釣りを見極められるようになれば、釣れない原因をパズル化してはめ直せばいい結果になっていく。釣れないときは必ずパズルのどこかのピースを外している証明であり、パズルをはめるおもしろさを知ったとき、ヒラスズキ釣りに行かないとウズウズするようになってくる。

ヒラスズキが生息する仕組みを考えろ

キーベイトの溜まり場

海が荒れるとよく釣れるというヒラスズキの性質を一歩踏み込んで考えておけば、見渡す限りサラシで縁取られた磯の中から効率よくアプローチができるようになり、自ずとヒット率もキャッチ率も上がるはずである。

ヒラスズキは細身のキビナゴやカタクチイワシから幅のあるコノシロまで食べ、ほかに小さなアジやサバも食っている。なかでも重要なのはキビナゴやカタクチイワシ、トウゴロウイワシとされ、それらが増える時期や場所を知るのはかなりのアドバンテージになる。

仮にそこを踏まえて釣行できたとすれば、次はその日の釣り場でどこにベイトが集まっているかを探すべきである。

厳密に言えば、集まるというよりも流されてくると言うほうが適切である。強風によって沿岸に押しつけられ、サラシに翻弄されて身動きが取りづらくなった小魚は、最後に潮流でどこかへ運ばれる。たどり着く先はどこか、という視点は当然大事だ。

言うまでもなく、ベイトが多く溜まる場所はヒラスズキにとって最良のフィーディングゾーン。サイズのよいヒラスズキほど捕食に都合のよい場所を知っており、そこに陣取っている。ヒラスズキ自体が波に打たれ、サラシに揉まれてしまうと、そこにいるだけでエネルギーを消耗する。したがって、どこにいればヒラスズキはサラシをかわしつつ小魚を待機できるか。そのスポットこそいいポイントとなる。

というわけで、釣り場に立ったらどこにベイトが溜まりやすいかを考えるようにしたい。

サラシに目を奪われがちだが、サラシの下の潮流が右にいっているのか左なのか、はたまた沖なのかを釣りながら意識するのはとても大切である。

潮の流れにはさまざまあり、潮が突っ走る本流、本流に引かれる流れ、反転流などがある。本流はベイトが溜まらずにただ流されるだけのことが多い。溜まりやすいのは引かれ潮や反転流で、サラシができやすい浅場には沖の本流に引かれる潮や流れのヨレ、反転流がいたるところに発生する。その中のナンバーワンを探る。

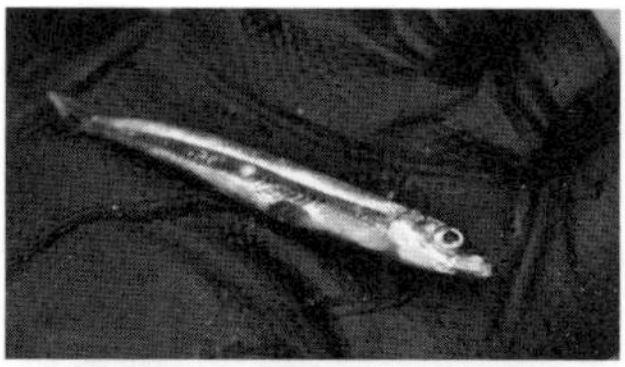

キビナゴ（上）とカタクチイワシ（下）

11カ条
その9

単独釣行やむなしなら最初の数回は

1人は1倍、2人は2倍以上

ヒラスズキ釣りは人間にとっては過酷な環境で行なうため、引率してくれる指南役を伴って行くのがベター。指南役がいるメリットは次のとおりだ。

○釣行日の潮回りと潮時から釣り場を決めてくれる。

○磯を歩くなかで、どこからが多実績で、どこをスルーすればよいかが自動的にわかる。

○どういうルアーをどこに投げ、どういうコースで引けばよいかアドバイスしてくれる。

○魚が掛かったら、どこからどのように取り込めばよいかも教えてくれ、場合によってはランディングも助けてもらえる。

○どこが危険で、どこまで歩け、どこから戻ればよいかもわかっている。

○トラブルの際に頼れる。

○ヒラスズキ釣りという特別な世界を過ごす時間を共有できる。

これが単独だとすべて独断専行とならざるをえず、初めてこの釣りをやる場合だと、あらゆる面のリスクが必然的に高くなる。

少なくとも、自分以外の誰かの判断を交えたほうがリスクは抑えられる。そのため、初めて行くなら渡船を利用した釣行のほうがリスクヘッジにはなる。

同行者がいれば、仮に足をねんざしてもなんとかなる場合が多く、心強くもある。また、そんな深刻な事態でなくても、フックを借りたり、食料を分け合ったり、写真を撮ってもらったりできるというささやかなラッキーも約束される。

もし相棒にも渡船の船長にも頼らないとするならば、最初はただただ磯歩きに行くつもりで釣り場の潮位変動や水深、地形、釣り場への進入ルートや歩いて行った先の確認、ポイントの優先順位付け、ひととおり釣り歩くのに要する時間を知ることに専念するだけでも収穫である。いたずらに釣りや釣果に意識を向けてロッドやタックルのことを考えるよりも、落ち着いて海を眺め、デジカメで写真に残しておくほうがよっぽど役に立つかもしれない。

それを異なる潮回りで数回繰り返せば、釣り場の表情の違いがわかるようになり、結果的に効率のよい釣りができるようになる。

11カ条
その10

有給休暇を取るなら下りの中潮

朝干潮の日

釣行日を自由に決められたらどんなにいいか。だが、多くのアングラーはその正反対というのが現実ではないだろうか。休みの多くは週末や祝日、あるいは平日としても固定されているのが多数派で、その結果潮回りを選ぶことはできない。

しかし、平成から次の時代を迎えようとするなか、「働き方改革」が唱えられる現在の日本なら、有給休暇が幾分取りやすくなったのもまた事実で、有給休暇を釣りに当てられるときの高揚感はなんともいえない。

もし、自由に釣行日を決められるなら、ぜひ潮回りは考えたいところ。

もちろん、サラシができる風は吹くのか、という不安材料もあるが、ヒラスズキ釣りに向く潮回りを知っておくのは決して無駄ではない。

悩ましいのは潮回りを優先すべきかサラシを優先すべきかだが、この鍵を握るのはベイトや季節であったりする。

ベイトがしっかり入っていれば冬期でも薄いサラシでもヒラスズキは反応する。極端な場合は凪でも成立する。春から初夏だとサラシがなくてもベイト次第で反応してくれる傾向は高い。もっとも、夜明け前後の短時間限定となりがちではあるが。

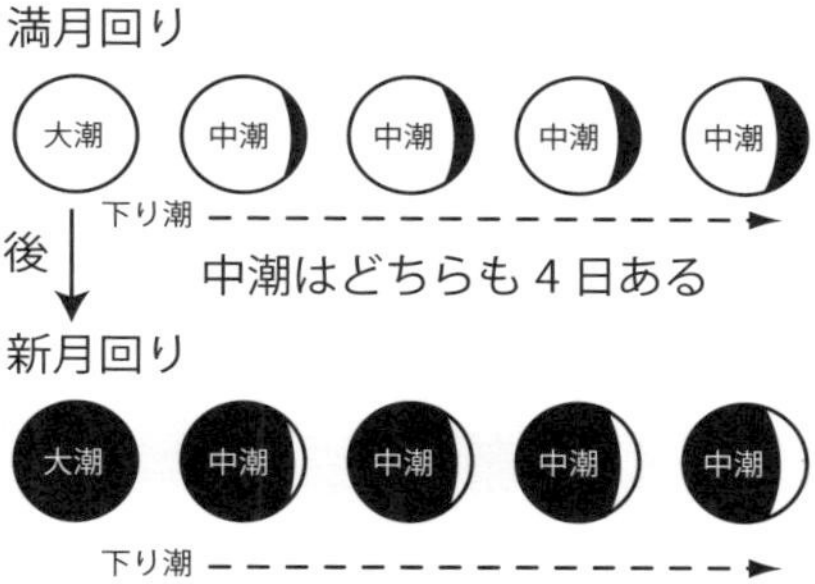

その夜明け前後の時間帯に釣りができる潮位やいいポイントを撃てる潮位になっているかもネックである。地磯の釣行だとそれが顕著になる。その点沖磯は釣り場を熟知した渡船の船長が案内してくれるので安心と言えば安心である。

気になる夜明け前後の潮位だが、下りの潮だと未明に干潮を迎えるタイミングになり、夜明けから早朝は上げ潮の途中となる。

もちろん、大潮に近ければ潮位は高めで、わりに早い時間帯に満潮時刻を迎える。しかし、大潮から中潮へと下り、さらに小潮へと進めば、満潮時刻は昼近くになるので午前中いっぱいを釣り歩ける算段がつく。

下りの潮なら満月回りも新月回りも中潮は四日ある。この四日間のうちにサラシが広がるだけの風が吹く日があれば条件はもっとよくなる。

ちなみに、大潮から潮が小さくなっていくサイクルを下りの潮、単に下り潮と呼ぶ。

11カ条
その11

命あってこその釣り

命があればまた行ける

波は寄せては返す動きを延々と繰り返すが、ある時は動きがおとなしく、ある時はドーンと強く押し寄せる。この周期もある程度の間隔で繰り返される。

アングラーやサーファーは一定の周期で波の大きさが変わるこの現象を「波のセット」と呼ぶ。アングラーが気にしなければならないのは激しく寄せる波のほうだ。それまではつま先でさえ飛沫がかからなかったのが、いきなりドーンときて頭から波を被ることもある。立っている地形によっては足元をさらわれ、最悪の場合落水にもつながってしまう。

釣りで地形を言う場合、海岸線や海中の起伏を指すことが多いが、ここでは背後の意味。

背後が狭くて切り立っているとすぐに波が跳ね返ってくる。しかも、まとまって跳ね返るため強いエネルギーを持つ。

ヒラスズキ釣りは、準備不足や過信で命の危険を招く釣りである。注意の上にも注意を重ねて釣行したい。

サラシが広がる悪天候で落水した場合、すぐに這い上がろうとすると危険な場合もある。海に落ちるとすぐに這い上がりたくなるが、岩にしがみついた時に次の大波がやって来て頭部を岩に打ちつけて気絶する可能性もある。よって、もしも落水したらまず落ち着くのが優先事項だ。水際からあえて離れ、少し沖に出るほうが波の影響を受けにくい場合もある。

落ち着くためにはライフジャケットを着用していること以外にはない。

こうした事態に陥った場合でも、渡船での釣行や同行者がいれば救援の要請が速やかに行なわれやすい。その点でも単独行は控えたい釣りである。

登山で入山届けを出すのと同じように、単独釣行する場合は誰かに釣行を知ってもらうほうがよく、知らせないのは避けたい。繰り返し述べるように、誰かを交えることで自分以外の判断が出てくるため、安全の度合いが高められる。

ヒラスズキの釣り座選びは、まず観察から始まる。どんなに慣れたアングラーでも「初めての釣り場だったら最低でも10分から20分は波のセットを見ます」というくらいだ。

また、乾いている岩を目安にするのもよい。濡れているところは波がくる証だ。上げ潮なのか下げ潮なのかも把握して釣りを続けたい。紛らわしいのは雨天で、波で岩が濡れているのか雨で濡れているのかすぐには判断できない。したがってさらに慎重な観察を要する。

危険度ではランディングがもっとも気が抜けない。意識が魚に向かいがちなのとさらに前に出るケースが非常に高くなるためだ。

その点でも同行者がいるほうが心強い。命を落としては釣りができない。

第2の扉

戦略と装備と安全面、
いずれも万全の備えで臨む

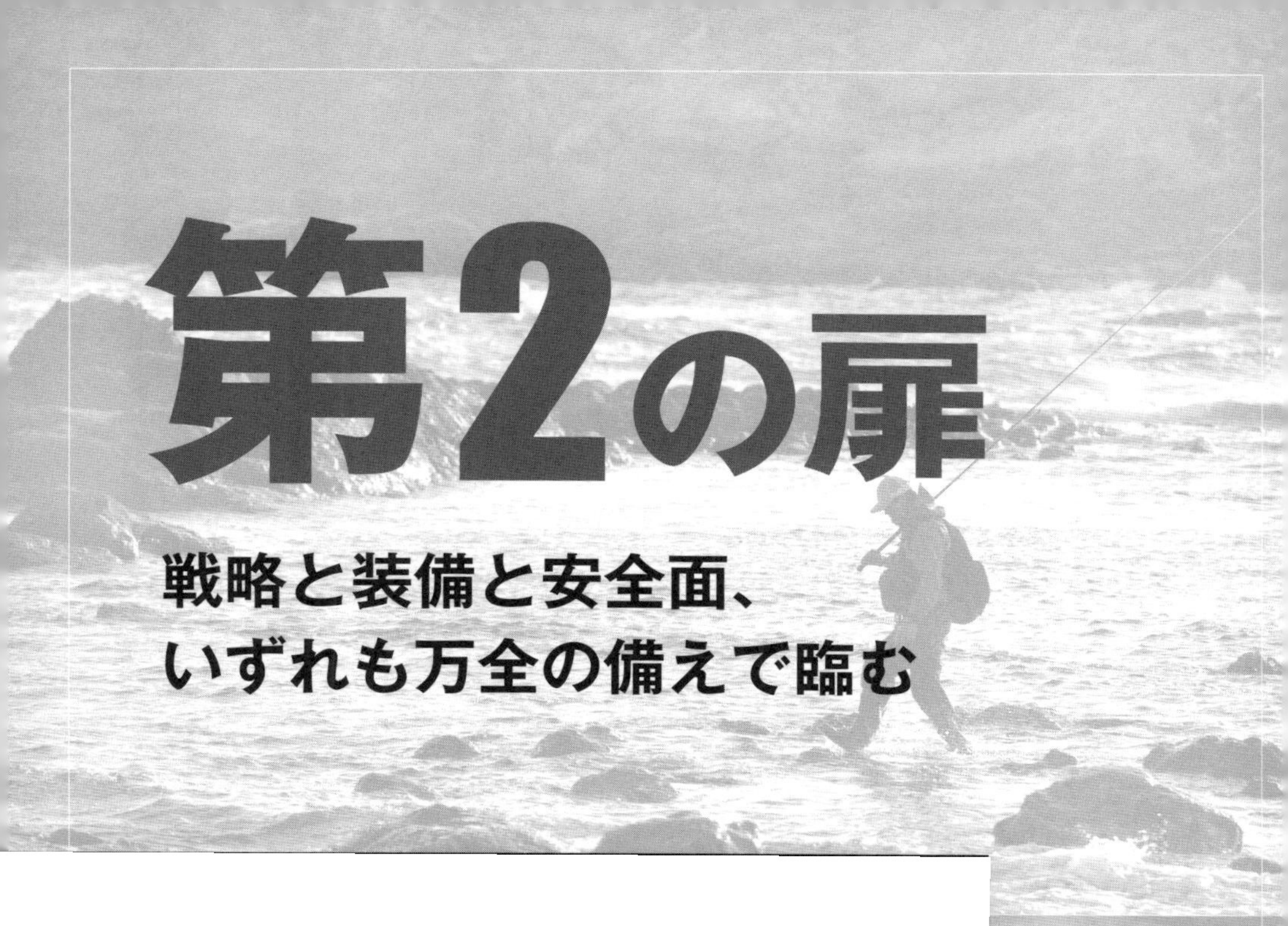

ヒラスズキ釣りの原則

歩く釣り

最初に押さえておきたいのは、ヒラスズキの釣りは、そもそもそこにいる魚に口を使わせ、掛けにいく釣りだという前提だ。寄せて釣ったり、回遊待ちといった取り組みではなく、魚がいるスポットへ自分のほうから歩いて出向き、アプローチをかけながら磯を進んで行く釣りである。ヒラスズキ釣りが渓魚の釣りと似ていると言われるのはその点で、バスフィッシングにも似たような要素が含まれている。

シャローと干潮前後

磯を長く釣り歩くには、潮位が低くて陸地が出ているときのほうが向いている。と同時に釣り場の水深自体も浅めになることでサラシが広がりやすくなる。

そうした理由から「ヒラスズキはシャローで干潮前後を中心とした釣り」といえる。

したがって磯歩きのプランは下げ潮で釣り場に入り、干潮の潮止まりを経て上げ潮の途中までを釣るというパターンが多い。もちろん、渡船を利用した釣行であったり、地磯でも釣り場によっては満潮でも釣り歩けるところもある。

プランは釣り場がどうなっているかを知っているからこそ組めるのであって、知らない釣り場に行くときは引率者を見つけるようにしたい。危険回避の観点からも初場所への単独釣行は避けたい。

潮位が下がってシャローになったときに意識しておきたいのは、「サラシだけが適度な厚みで広がり、海底をかき混ぜていない状態」である。

底濁りや底荒れする潮位（スポットや時間帯）は避けるようにしたい。雨が降って水潮になるのも歓迎できない。

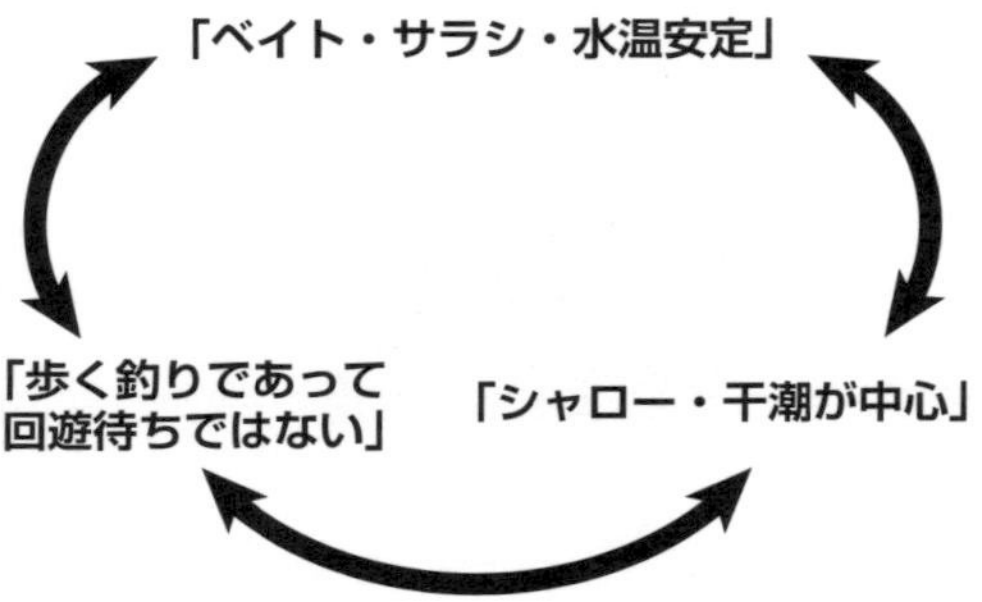
「ベイト・サラシ・水温安定」
「シャロー・干潮が中心」
「歩く釣りであって
回遊待ちではない」

環境条件

ヒラスズキ釣りではサラシが重視されるのはたしかだが、魚食魚のヒラスズキは、あくまで捕食対象の小魚がいるからこそ生き長らえている。サラシではない。サラシは風によって泡を含んだ単なる海水でしかなく、腹の足しにはなりえない。遊泳力の点では小魚よりもヒラスズキのほうが遥かに勝り、サラシがなくても捕食できるはずである。

　ところが、空気を取り込んでいるサラシは小魚から自由な動きを奪ってくれる。だからこそヒラスズキはサラシを利用する。これがあると労せずに小魚を捕食できるためだ。サラシができると捕食のスイッチが入り、高活性になるのもたしかである。

　もっとも、サラシならどこでもいいわけではないのも事実。やはり、釣り場にベイトが寄せられていないとゲームは成立しにくい。さらに、ベイトが少ないよりは多いほうがアングラーには有利に事が運ぶ。

　そして、それらに加味して考えておきたいのが水温の安定である。

　水温が上昇傾向に転じる春から初夏や台風のウネリは別として、水温下降期に当たる冬の北風は、釣り場に充分なサラシを作るだけでなく、寒波を伴って水温を一気に下げてしまうことが多い。

　水温が下がるとヒラスズキの活性が一時的に落ち、釣り場にベイトはいても活発な捕食行動を取らず、ルアーへの反応が著しく低下する。「水温が下がると、ヒラスズキは一時的に水温が安定した沖合いの深場に移動する」という見方もある。こうした状況では数少ないチャンスを確実に拾う釣りが求められる。裏返せば、チャンスを引き出す釣り方に絞らなければならない。

　チャンスを引き出す釣り方とは、ルアー選びであり、ポイントの見立てであり、トレースコースということになる。

　水温が下がったあと、低いなりに推移してくれればヒラスズキも水温に慣れて再び活性が戻ってくる。このときはよりベイトが多い釣り場や充分なサラシが広がる釣り場が好釣果の条件となる。

　当然、これらの諸条件は釣行日の設定にも大きく関係する。

干潮時は干上がるところも上げ潮で潮位が上がればポイントになる

ルアー選びの概念

数投でケリをつける

釣り場に立ったときにどんなルアーが適しているかは、その日のシケ具合や足場の高さ、ポイントまでの距離、釣り場の水深などから刻々と変わっていくものだが、基本は次のとおりである。

○サーフェスからディープへとレンジを下げていく
○飛距離は足りているか
○強い風が吹く中でポイントまでできる限り直線的に飛ばせているか
○ベイトやその日のヒラスズキのフィーディング性向からサイズ感を合わせられているか
○カラーチョイス

レンジをサーフェスからディープへと下げていくことについては別項でも軽く触れているが、端的にいえば、トッププラグ、フローティングルアー、サスペンドやシンキングタイプのルアー、より沈みの速いバイブレーションやジグミノー、スピンテールやメタルジグなどとなる。

その大きな理由は、ヒラスズキが自分のレンジよりも浅いところにいるベイトを捕食するためである。下アゴで受け止めるような形状のヒラスズキの口では、自分の下にいるエサを食うときにはかなりの体勢移動が必要となるのに対し、上にいるものは口を開けるだけで口中に収まる。

【ルアー選びの概念】

サーフェスからディープへ
飛距離
飛行軌道
サイズ感のカテゴリー
カラー

また、ここでもサラシが絡んでくる。白銀を思わせるサラシの中では、ベイトはシルエットとしてくっきりとしたコントラストで漂うため、ヒラスズキが下から見上げたときに捕捉しやすい。

レンジを徐々に下げていくメリットはアングラー側にもある。

トップに反応する個体はトップに出して釣り、それに反応しない個体はアンダーウォーターで勝負していくほうが数を稼げるからだ。

とはいえ、ヒラスズキのポイントまで飛距離が足りていなければゲーム自体が成立しないため、釣り場を見渡したときにもっともいいポジションに届くルアーがあるかどうかも大事である。

トップウォータープラグの多くは抵抗体となるリップなどの突起物がないため飛距離を稼ぎやすいが、それに反応しないときにどんなルアーを使うかも考えて釣り場を読み解くようにしたい。

ルアーは上から下へ、というのが鉄則

だが、渓魚と同じように何度も何度も同じポイントにルアーを通しているとスレやすくなるのもまた事実である。このあたりを的確に判断していくところがこの釣りの奥深さである。

見つけてもらってこそバイトにつながる

さらに、ポイントまでルアーを届ける際に、なるべく低い軌道で飛んでくれるかどうかも重要である。これはキャスティング技術やロッドの硬さとも関係するが、「ルアーがラインをスプールから引っ張り出すように飛んでくれるもの」がヒラスズキ釣りには向いている。

ルアーサイズについては、ヒラスズキがそのときに食っているベイトサイズに合わせるのがベストだが、スタンダードな大きさは12~14㎝、小さめだと9~11㎝、逆に大きいと15~17㎝、さらに20㎝前後のルアーも視野に入れてよい。

マイクロベイトと呼ばれるときはさらに小さなサイズを指し、4~5㎝、場合によっては2~3㎝となって、小さなルアーに合わせられ、かつヒラスズキの引きと重量に耐えられるフックの選択肢がとても限られることになり、ルアーセレクトに難航する。

カラーは二通りの考え方がある。

ひとつは自分から見やすい色を選ぶ。チャートリュースやレッドヘッド、ピンクバックなどがこれらに該当し、どこにルアーがあるかを把握しやすくなるだけでなく、アクションの入れどころや巻きスピードの調整にも役立つ。

もうひとつはヒラスズキ側の視点から選ぶ方法だ。

クリアタイプなど、目立たないカラーやキビナゴやカタクチイワシのようなキラキラ光を反射するシルバー系がこれらに該当する。これらの色は海水やサラシに同化しやすいという側面があり、サラシが薄い日やベイトサイズが小さいときにサイズ感をごまかして相手の口を使わせられることがある。

そうした理由からピンクバックなどの派手なカラーとクリア系の地味なカラーで構成される場合が多い。これにダーク系のソリッドカラーも数個用意しておけばさまざまなシチュエーションに対応できるようになる。

ミノーを準備する

潜行の度合いと動き方の違い

　ミノーはフローティング、シンキングともにヒラスズキ釣りにおいて重要なルアーであるのは間違いない。同時に、ルアーといえばミノー、プラグといえばミノーを想起する人も少なくないはずで、ルアーを象徴する形状をしているが、本書で触れているプラグ（トップウォーター、ミノー、リップレスミノー、シンキングペンシル、バイブレーション）の中で、実はリップが付いているのはこのミノーしかない。

　リップが果たす役割はふたつあり、潜行板と動きの安定化である。

　リップの角度が水平に近いと潜行レンジは深くなり、逆に立ったようになっていると水の抵抗を受けるため、潜行レンジは浅くなる。

　また、リップの面積が大きいほど水の抵抗を受けやすくなることで動きは大きくなり、小さくなるほど水を受け流すため動きは小さくなる。ミノーの中では潜行深度が深いロングビルミノーは水平に近い角度のリップが長く設計されており、長いリップにしっかりと水を受けさせることで潜らせるタイプとなっている。

足場が高いところはルアーが浮きやすくなったり、ルアーの姿勢がヘッドアップしやすくなるため、ルアー選びがさらに問われる

　動きは3種類に大別できる。

　ウォブリング、ローリング、ウォブンロールがそれで、さらに言えば、それぞれにはワイドな動きとタイトな動きとがある。ワイドは大きく動くことを意味し、タイトは細かい動きを指す。

　それぞれの動きの違いは、見た目にもはっきりとわかる。

　ウォブリングのルアーがどう動くかを真上から見ると、左右にバタバタと振幅している。

　ローリングはフックアイを中心に腹を見せるように左右に回る動き。

　ウォブンロールはウォブリングとローリングの折衷である。

　一般的にウォブリングのほうがローリングよりも派手な動きをするといわれている。派手な動きや地味な動きとは、波動の出方の違いと言い換えられる。

　つまり、ウォブリングのほうが波動は強いといえる。もっとも、ワイドやタイトの違いもあるだけに、断言しにくいところがあるのも事実ではある。

　マルスズキを例に挙げれば、ローリングやウォブンロールが好まれるのが近年の傾向である。これはマルスズキがスレたこととも関係している。ウォブリングははっきりとした波動を出すため、魚に対してしっかりとアピールしてくれるものの、これが裏目になるというのだ。波動が強すぎてかえって警戒心を与えてしまうと感じているアングラーも多い。

しかし、荒れた海況で活性を上げるヒラスズキの場合だと、マルスズキほど神経質にならなくてよい。おいそれとは入れない磯という釣り場と荒れた天候という要素を踏まえるとウォブリングがアピール過多になって使えないということにはならない。

むしろ、荒れた海の中ではっきりと存在感を出すためにはウォブリングこそが有効な場合も多々ある。波動の強弱がアダになるケースがヒラスズキ釣りで出てくるのは、先行者の後を釣り歩く場合やアタリを取り損なった場合、同じポイントで数尾釣ろうとする場合である。

フローティングとシンキング

できることならフローティングタイプでヒラスズキにアプローチしていくほうが数は稼ぎやすくなる。より上のレンジから釣っていき、その後にレンジを下げて追加を図る戦略だ。フローティングタイプを巻く途中で止めると浮き上がる動きをし、これも誘いになる。

一方、シンキングタイプはフローティングタイプよりも飛距離を稼ぎやすく、荒れた海中での安定感もシンキングのほうが勝る。その点ではシンキングタイプのほうが釣りを成立させる守備範囲は広く、対応幅もあるといえるため、備えておきたいルアーといえる。

仮に足場が高いところで釣るとすれば、より遠くにルアーを届けやすいものの、ラインがより風に煽られることにもなり、風を切って飛ばせるルアーで、なおかつ足元近くに寄ってもしっかり泳がせられるかというのが鍵になる場合もある。

そうした場合にシンキングで釣るか、はたまたフローティングタイプのロングビルミノーで釣るかの選択をしなければならない。とくに釣り始めにそんな局面が訪れたら、どちらでいくべきか……は気になるところだ。

大切なのは、こうした選択が可能なように死角をなくしてルアーを揃えておくことである。

したがって、準備するときには単にフローティングとシンキングだけでなく、サイズ、カラー、飛距離、リップ形状の大小と角度の違いも考えておきたい。

しっかりとサラシがある状況下、
足場が高いところでは
ロングビルのフローティングミノーと
シンキングミノーとどちらが適正だろうか……。
そんなことを考えながら釣りを展開すべき

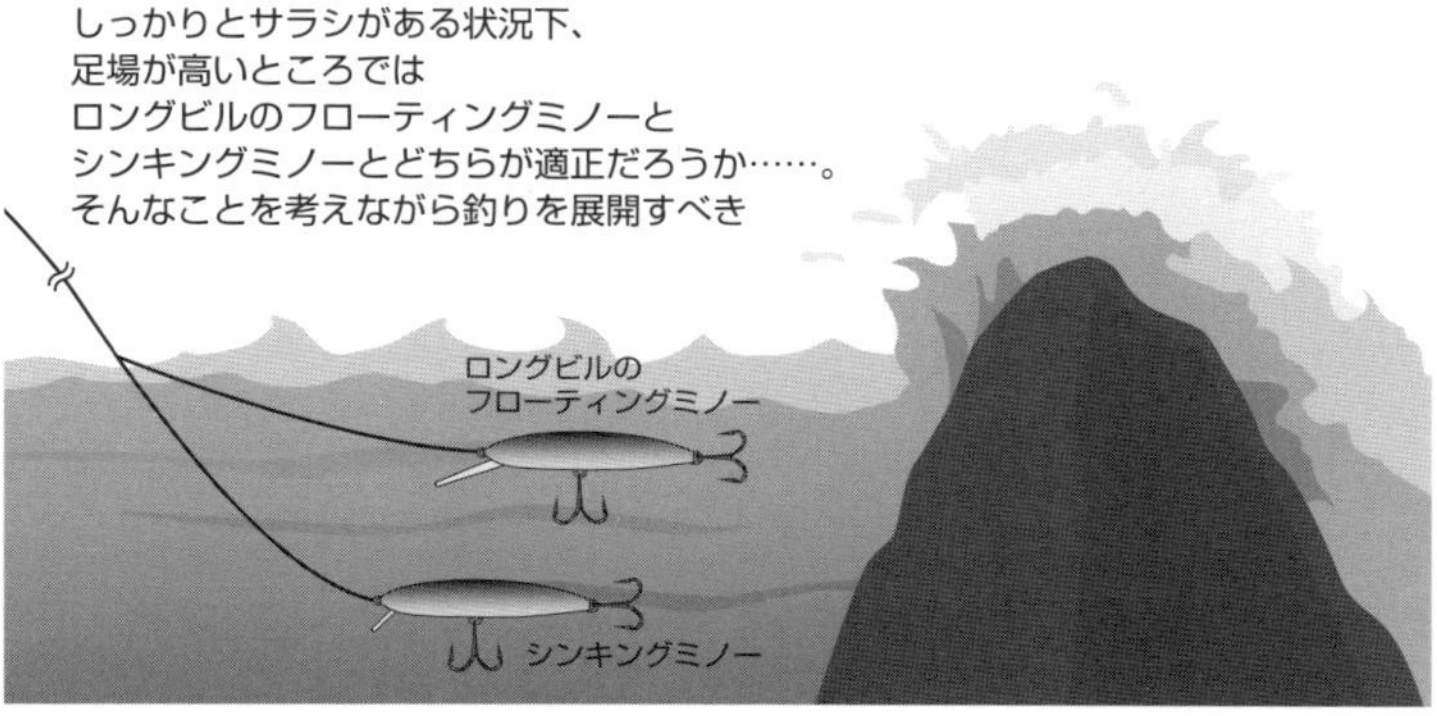

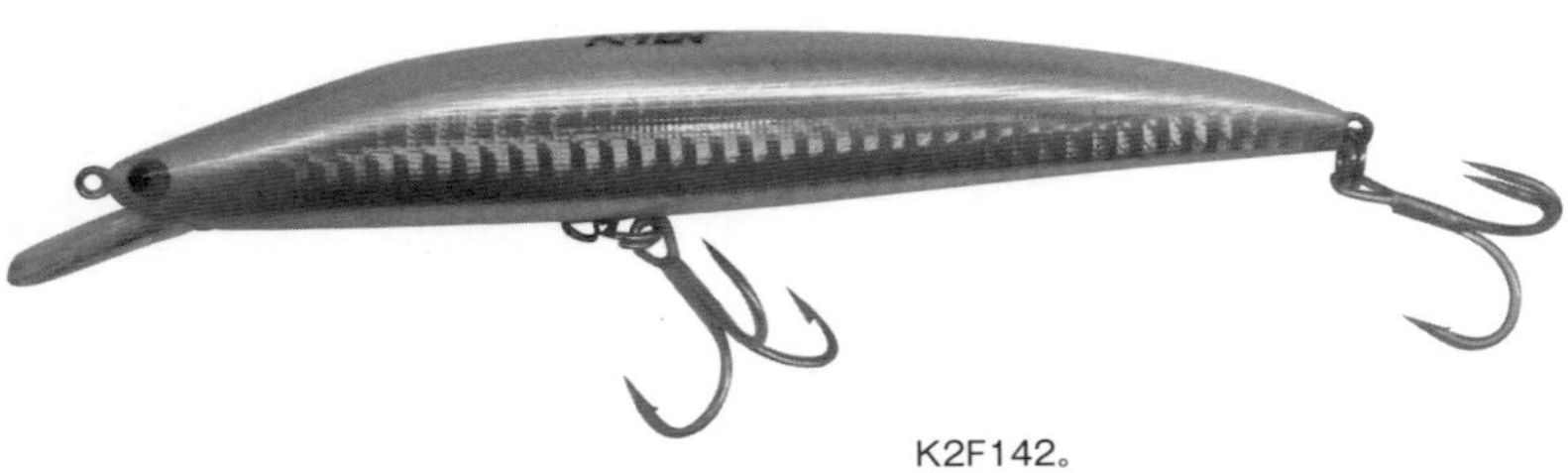

K2F142。
潜行深度の違いによって T:1と T:2とがある

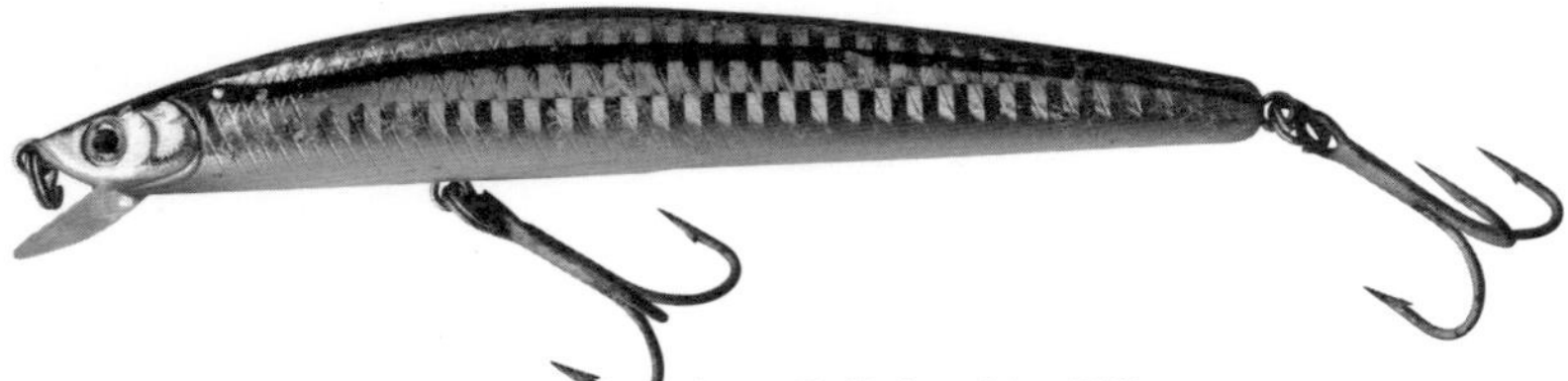

ショアラインシャイナー R50。
ショアラインシャイナーシリーズは種類が豊富なところも特徴

ハードコアミノー。
150F と150S のほか、サイズ違いも豊富にあって手頃な価格も嬉しい

ブローウィン140S。
80S や165F- スリムもある。

タイドミノースリム。
120㎜で3フック搭載。140、175、200やファストシンキングタイプもあり

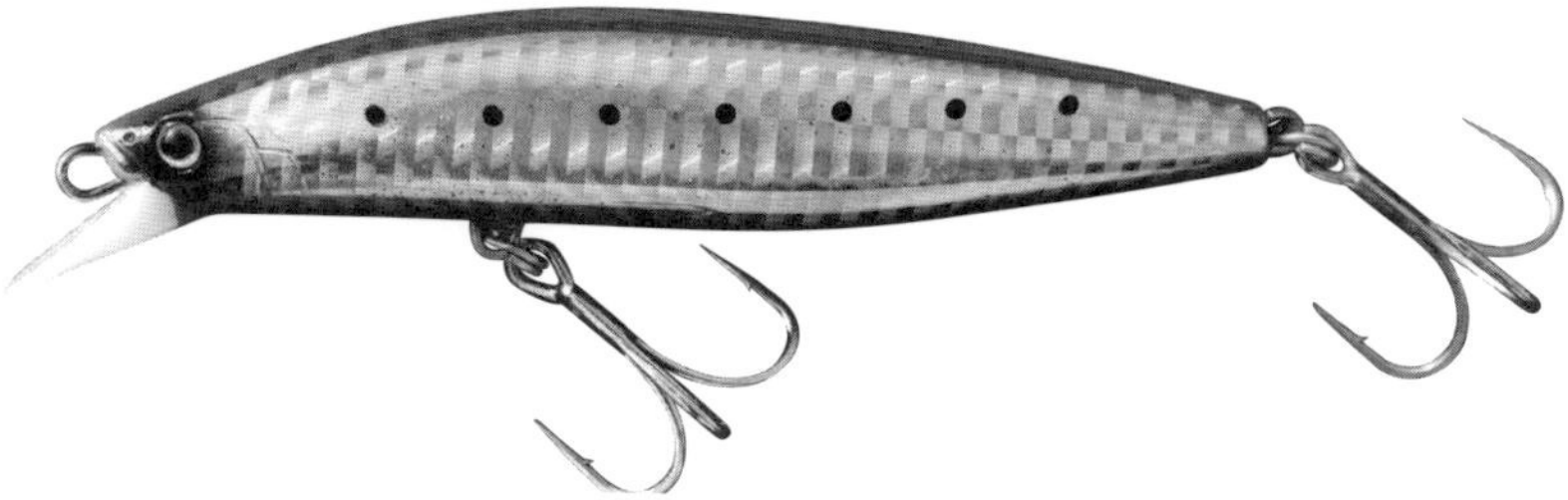

コルトスナイパーロックジャーク140S。
ほかに170F もある

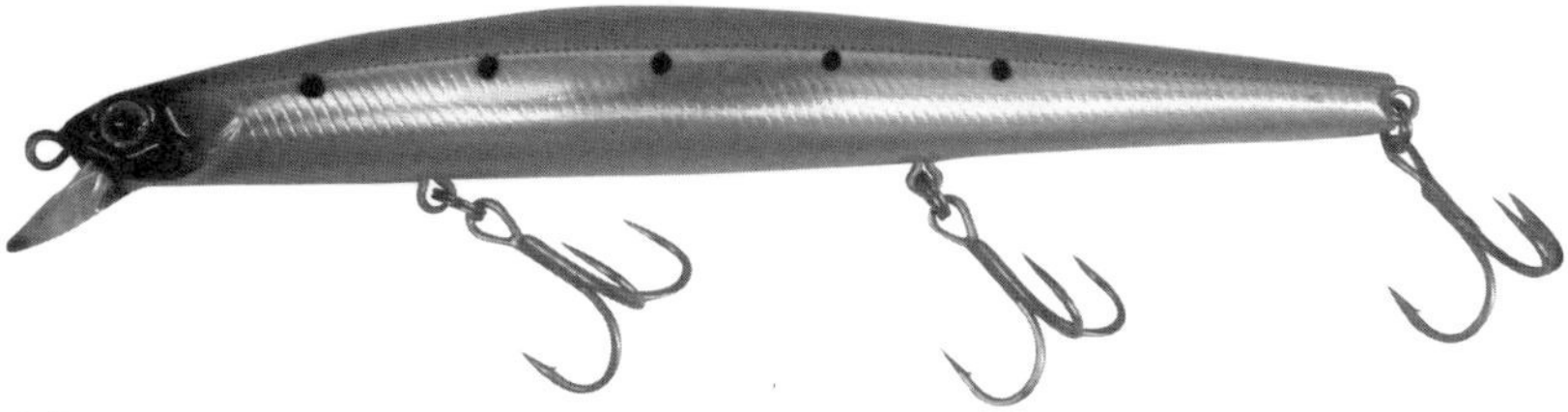

ザブラシステムミノー139F。
ザブラシステムミノーも種類が豊富に揃っている

アローヘッド140F。
ヒラスズキを前提に開発され、サイズは
120と140があり、さらにＦとＳがある

リップレスミノーを準備する

頭部の違い

リップレスミノーもヒラスズキ釣りになくてはならないルアーだ。

ミノーという名称は付いているが、一見しただけでフローティングやシンキングのミノーと一線を画しているのに気づく。リップレスの名のとおり、リップがない代わりに斜めにカットされた頭部で水を受けさせ、潜行深度とアクションに反映させている。

潜行深度とアクションを生み出すためには、頭部にある程度水を受ける面積を確保しなければならず、通常のミノーと比べれば頭部が大きくなっている。そのことは、そのまま動きの違いにもつながっていく。

通常のミノーは頭部が小さくて尖っているタイプが多く、リップ及び頭部への水受け抵抗と比重のバランスから振幅が

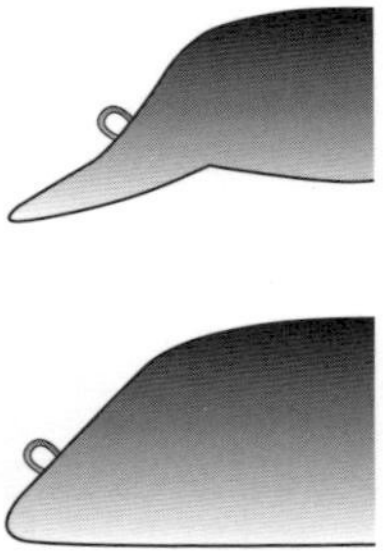

リップレスミノーにもさまざまな頭部形状があり、潜行深度や動きの大きさが変わってくる

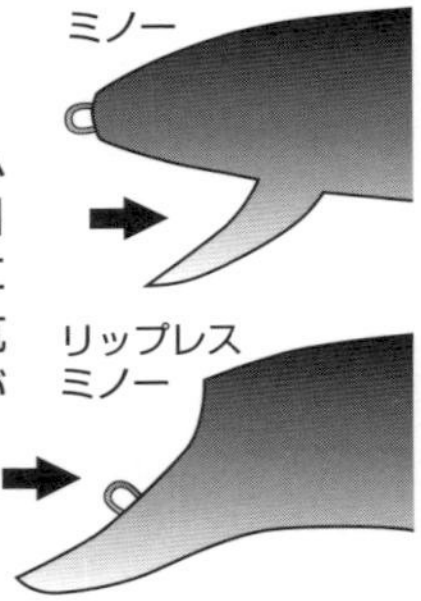

頭部のフォルムの違いは一目瞭然。これによって空気抵抗や水の受け方が異なってくる

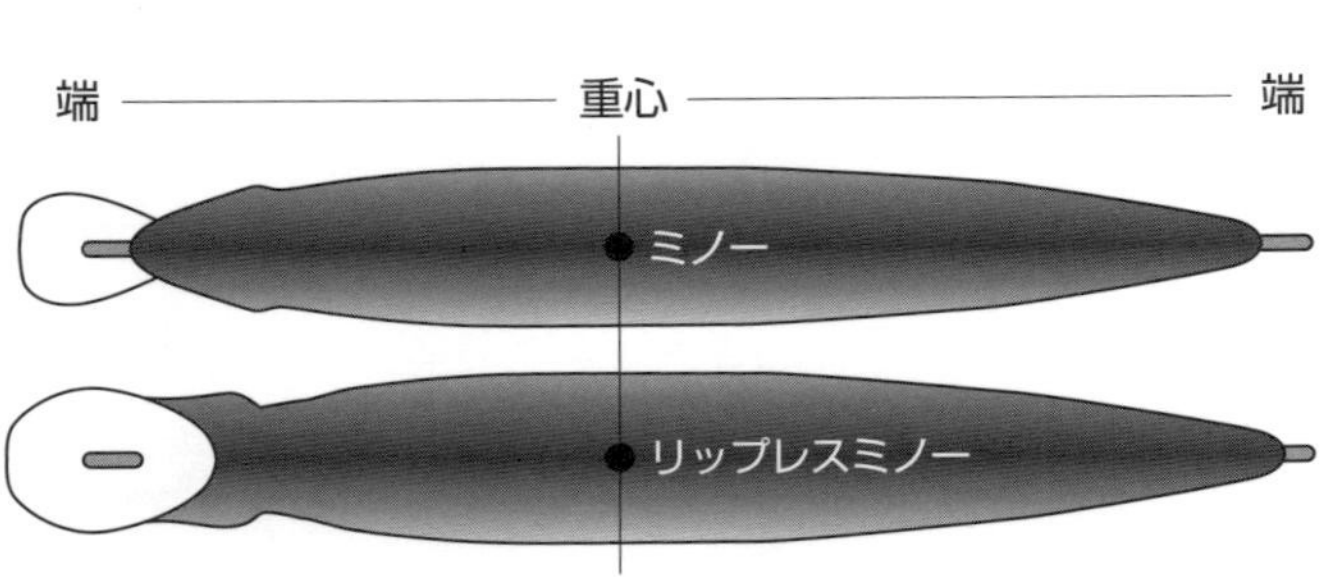

重心に対して両端が細くなるほど振り幅は大きくなる。ミノーに比べて頭部が大きいリップレスミノーは抑え気味の振り幅となり、ロール系の動きが主体となっている。

生まれ、それが左右に繰り返されるのに対し、頭部が大きなリップレスミノーは振り幅が狭くなり、抑え気味のウォブリングかロールの動きがメインになる。

さらに、リップを持たないため水を上方や左右に逃がしやすく、巻くほどにレンジに刺さっていく（潜行していく）通常のミノーとは異なる潜行軌道を描き、一定の泳層を保ちやすくなるところも特徴である。つまり、リップレスミノーはレンジキープしながらねらいの層を横の線で刻む釣りが容易にできてしまう。

リップを持たない頭部形状という独特のフォルムゆえ、ディープダイバータイプはなく、浅いレンジに特化したルアーともいえる。

もちろん、それぞれのリップレスミノーによって頭部のカットの角度や形状（水がたまりやすいお椀のようなタイプや水を跳ね返す平らなものなど）によって潜行深度は異なってくるものの、総じてシャローランナーと位置づけてよい。

水を上方や左右に逃がしやすいと前述したが、これは同時に流れの強いところや乱流でも姿勢を保って動いてくれることにもなるほか、使い込めば流れの微妙な変化にも気づくようになる。派手な振幅が抑制されたロール系の弱々しい動きや流れの変化への気づきやすさといった点を活かすには早巻きよりはゆっくり目のリトリーブが適正といえる。

フローティングで釣ったあと、リップレスミノーで追加したアングラー

リップレスミノーが河川シーバスで定番になっているのもこうした特徴に由来する。また、干潟やサーフでも多用されるのは浅いレンジをキープして探れるからで、「根掛かりを回避しつつターゲットを誘える」というユーザーからの信頼を勝ち取っているからと言えよう。

これらをヒラスズキ釣りに当てはめると、起伏に乏しいシャローフラットの磯やゴロタをチェックするときには適材ということになる。さらには、波のセットが乱れやすいシケ始めにも活躍してくれるルアーだ。

頭部のデザインは各社さまざまで、スリムタイプからずんぐりしたものまで幅広く作られており、サイズはもちろん波動の強弱や潜行レンジのバリエーションをたくさん揃えやすい。

そして忘れてはならないのは空気抵抗が少ないこと。これもリップレスミノーの特徴で、飛距離の点でも頼りになり、シケ始めはとくに風が絶え間なく吹き続けるため、そんなところもこのタイプのルアーを起用するのに適している。

サスケ SF-120。
裂波、裂風、剛力もヒラスズキ釣りでいい働きをする

HRTM135A。
この釣りを知り尽くした工房の作。
多彩なバリエーションも魅力

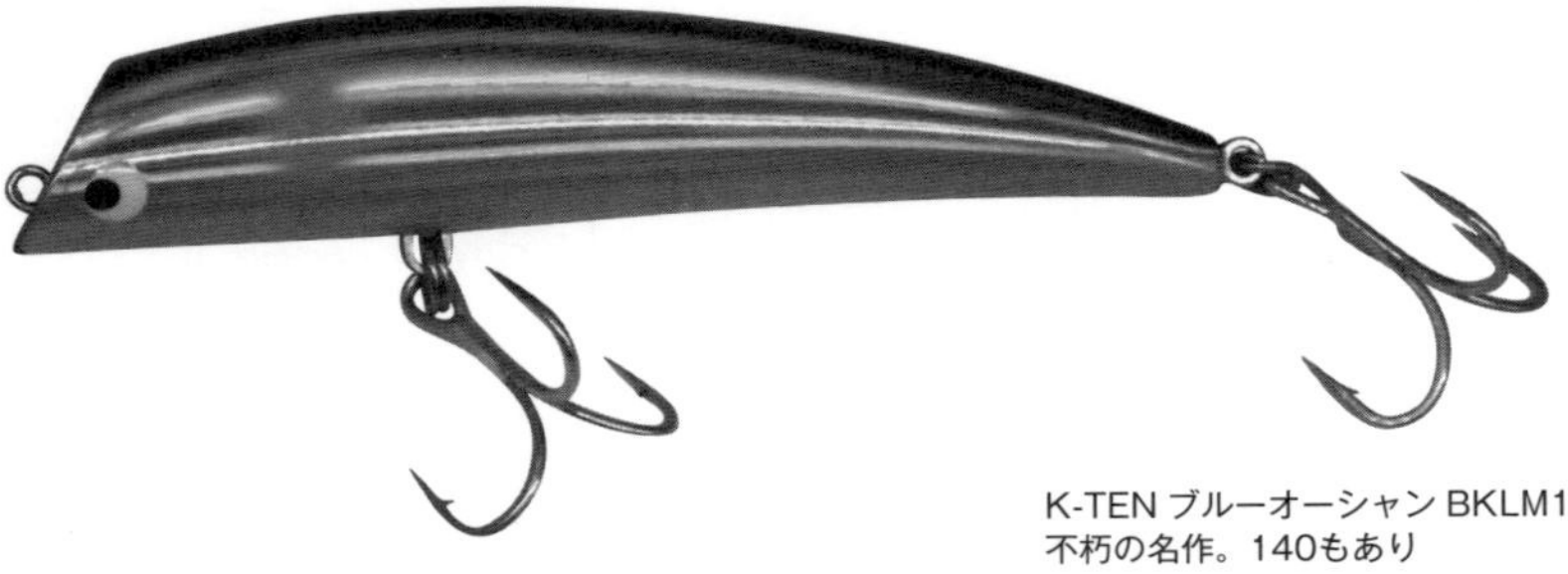

K-TEN ブルーオーシャン BKLM115。
不朽の名作。140もあり

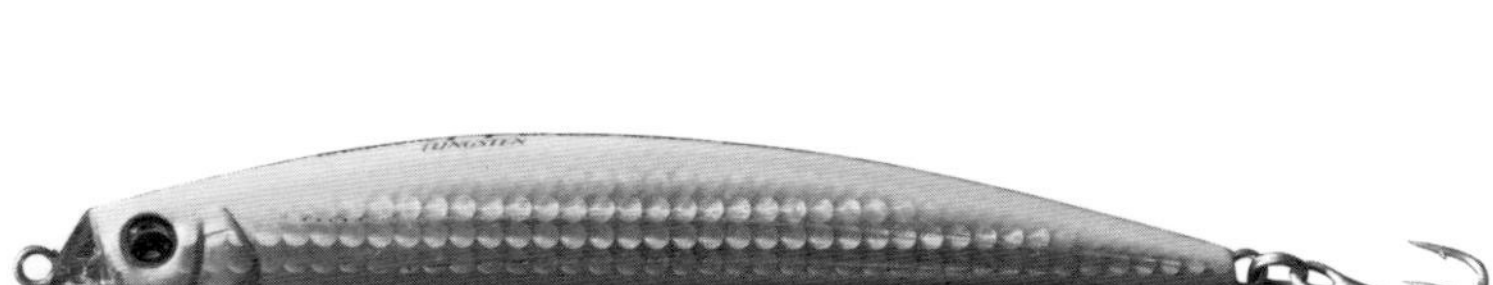

ハードコアリップレスミノー F120。
ほかに90㎜もあり。魅力は価格以上

オーシャンフリートストリームデーモン。
160㎜のFタイプ。トゥルーラウンドも安定した実績を誇る

アイルマグネットシステムF105。
いまだに根強い人気があるマニア御用達の一本

エクスセンス・ゴリアテHi125FXAR-C。
Hiは前作よりも浮力を高めていることを示す

タフマニアンデブル。
115㎜のスローシンキングモデル。
匠なる1本

シンキングペンシルを準備する

陶酔の媚薬

シンキングペンシルと聞くと食わず嫌いに思っている人も少しはいるのではないだろうか。そんな人の悩みは引き抵抗のなさから生まれる不信感で、使い方はこれで正解なのか……と半信半疑になりがちだ。そんな手応えのなさゆえに「使いこなせていない」と自らを判定してしまい、出番が減り、それにともなってキャッチ数も伸びず、大事な場面でも使用頻度が減り、また出番が減るという悪循環に陥ってしまう。

シンキングペンシル、通称シンペンは、引き抵抗が少ないということをまず知っておきたいルアーである。リップ付きのミノーとは違う。リップレスもシンペン同様に突起物がないものの、流れを受ける面は頭部にはっきりと存在しているため、多少の引き抵抗はアングラーに伝わる。海中において多少の引き抵抗の差が感じられることは、潮流の変化やポイントの判断にも役に立つ。

ところが、シンペンにはそうした流れを受けさせることを意図したパーツや面がない。厳密にいえば腹部や側面などシンペンにも潮を受けさせる面はあるが、リップといった際立って目に止まる部位はない。

だが、これはリップや頭部のカットがあると得られない動きを取らせるため、と考えれば思考の矛先は使いこなせていない自分から遠ざかり、ルアー本体への理解に向かう。

シンペンは、とにかくナチュラルに釣るためのルアーである。余計なアクションは逆効果でムダ！といわんばかりに、派手に動かないのをウリにしている代物である。自然に溶け込み、淡々と着々と任務を遂行し、いつの間にか相手を残らず始末する仕事人のような類である。

それでも、ただ巻きするとラインアイを基点にテール（尻）を左右に振る。これが揺らめくロール状の動きも加わり、これが小刻みだとタイトロールと呼ばれ、大きいとワイドロールと呼ばれる。

流れが速いところや乱れるところではタイトロールのほうが安定して使いやすいとされているが、そもそもシンペンのフォルムはムダな突起物が省かれているだけにワイドロールだと波に翻弄されて使えないとはならない。

基本的には速くも遅くもない速度でただ巻きし、流れが変化しているところやサラシの通過時、ストラクチャー周りで速さを加減しながら探っていく。トゥイッチも有効で、一瞬だけ見せる不規則なヒラ打ちやフラッシングがバイトのきっかけ作りとなる。

余談ながら、ローリング主体のミノーやリップレスミノーもグラつくヒラ打ちやそれに伴うフラッシングがバイトの決め手になることが多い。

近年はPEラインの使用が前提といえ、PEラインを使ってシンペンをうまく操れば流れの変化も掴めるようになる。そうなると意図的な誘いも演じられるようになり、バイトを引き出し、アワせも遅れることなくドンピシャで決められるようになる。こうなるとシンペンに病み付きになり、釣れる気しかしないという高揚感に浸れるようになる。

フォルムを見れば飛距離を稼げることもはっきりしている。シンキングというくらいであるため、任意のレンジにも入れられ、そこからねらったレンジを保ってトレースをスタートできる。この点はフローティングのミノーにもリップレスにもない強みである。なおかつバイブレーションだと自重の兼ね合いから巻き速度が速くならざるを得ないが、シンペンはゆっくりと巻けてバイトチャンスが長くなる。

むしろ、シンキングだが浮き上がりに気をつけておきたい。速く巻き過ぎるとレンジが上ずり、最終的には水面から飛び出してしまう。投げ釣りのオモリでも速く巻くと遠くのほうでオモリが浮き上がるくらいである。それを考えれば、シンペンの早巻きによる浮き上がりは注意点のひとつといえる。

そして、形状もさまざまあるため、細身とずんぐり体型の2タイプで揃えておきたい。

サイズは10～12㎝前後のものが主流で、それよりも小さいサイズも豊富にある。意外なことにシンペンは大きなサイズが少なく、サイズに対するバリエーションの少なさはバイブレーションに並ぶ。

もっとも、それもシンペンを理解するきっかけといえ、飛距離が出せるため小ぶりから中サイズのものでもポイントに届き、沈めて使ってもナチュラルだから相手をスレさせにくく、数を稼げる。数を稼ぐ意味では大きいものは優先順位が下がる。そもそも、あまり動かないタイプのルアーということは、相手の活性が低い状況が土台にあり、それに応じる手段と考えれば、17㎝前後の大きなサイズは必要とされにくい。ということはつまり、シンペンはシビアな局面の切り札として考えてもよい。

シンキングペンシルはヒラスズキ釣りの主軸ルアーのひとつ

チンパン。
136㎜のシンペンムーブメントの一翼を担った一本

ブルースコードC。
現在はモデルチェンジされているが、いまだ実戦投入する人も多い

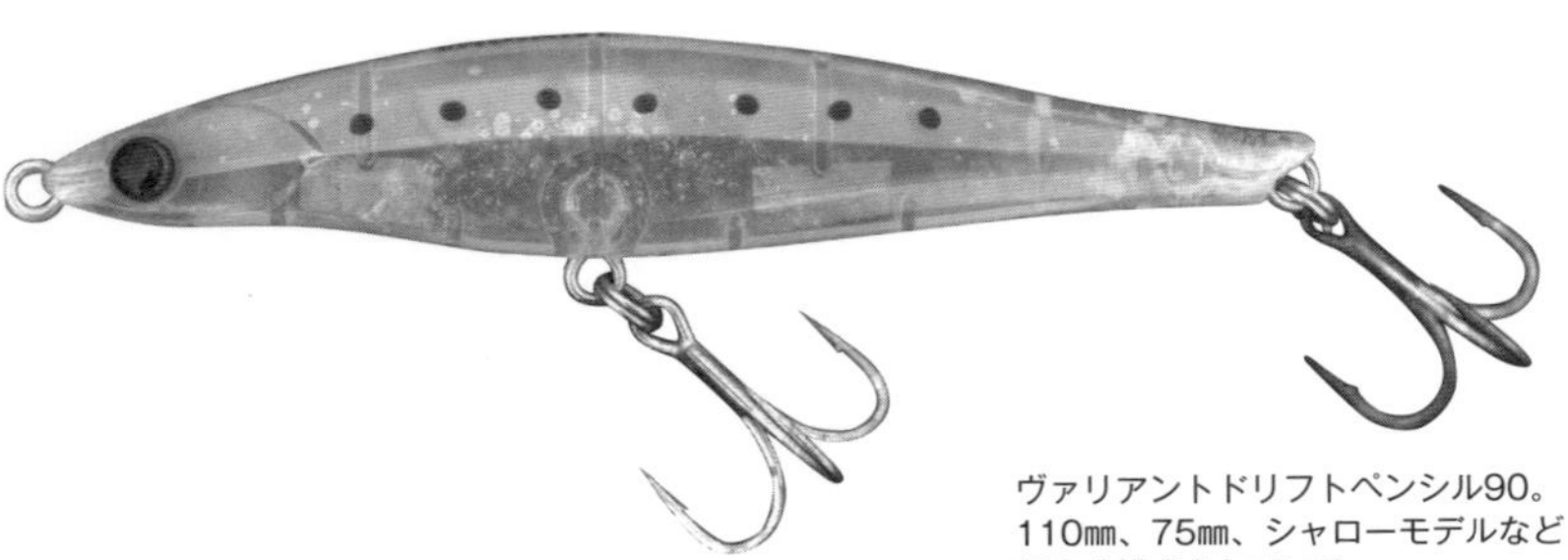

ヴァリアントドリフトペンシル90。
110㎜、75㎜、シャローモデルなど
幅広く構成されている

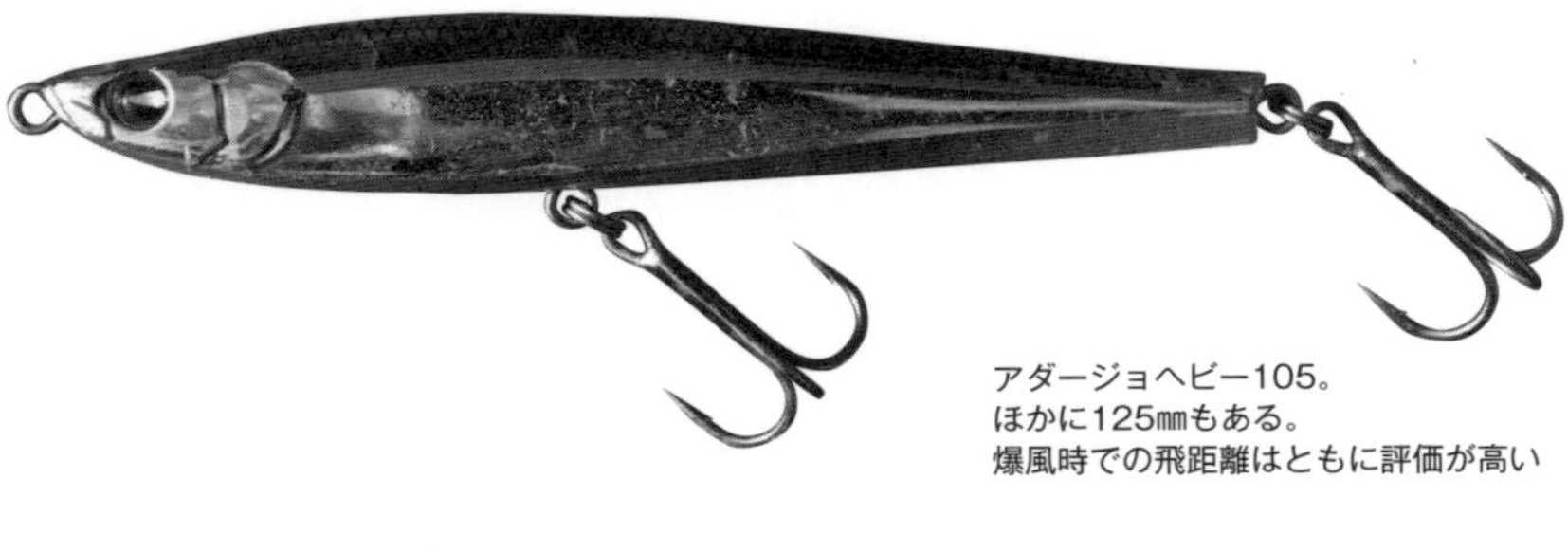

アダージョヘビー105。
ほかに125㎜もある。
爆風時での飛距離はともに評価が高い

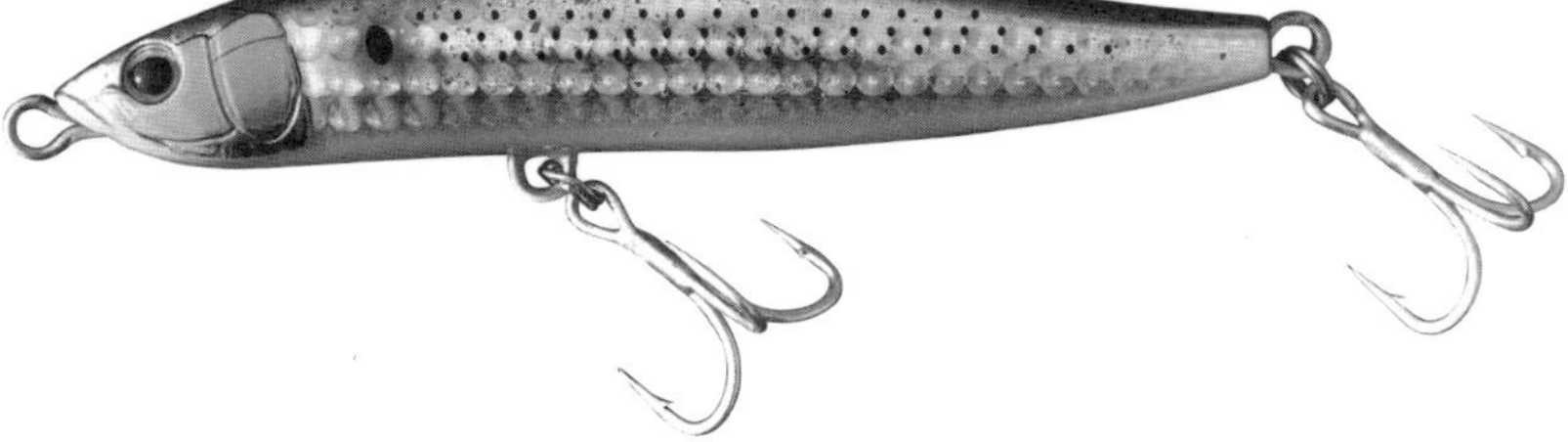

エクスセンス・スライドアサシン100SXAR-C。
細かいレンジ調整に対応する秀作

ザブラスライドスイムミノー120。
ほかにタイプ違い、サイズ違いも充実している

ビバノン。
目を引く一口サイズ。
それでいて自重とのバランスで飛距離は申し分ない

カッター115。
頭部を上から見るとＶ字に尖っているのが特徴。ほかに90と128があり、
128はフローティングタイプ

トップウォータープラグを準備する

トリックスター

　トップウォータープラグの使用頻度が高くなるのは暖かい季節というイメージが強い。だが、ヒラスズキには周年使える。そのため夏の風物詩的な扱いや代打的起用ではなく、レギュラーとして一軍ルアーに入れてよい。しかもトップバッターとして使うにも適している。もし、これまであまり使ってこなかったとしたら、トップウォータープラグがあなたの釣りを一歩先にリードしてくれるかもしれない。

　得意とするシチュエーションはサラシが薄い日のほうである。激荒れの日は海面の乱れにトップウォータープラグのよさが全部飲み込まれてしまう。それでも試しに使ってみると「あ、これじゃ釣りになってないわ」と実感するので、そこから違うルアーにしても遅くはない。通常の状態のサラシと言っても尺度がないため伝わりにくいが、通常のサラシでももちろん使えるので「これじゃ釣りになってないわ」から「これならイケるかも」と釣り場がその境界を教えてくれる。

　いくつかある種類のうち、メジャーなのはポッパーとペンシルベイトで、その2大タイプがこの釣りでも多用される。なかにはポッパーとペンシルベイトの折衷タイプもあり、それも効く。

　今やペンシルベイトはライトゲーム用からヘビーゲーム向けまで幅広く存在しており、ダイビングペンシルという名が当てられた青もの用まで登場している。小型のダイビングペンシルなら強度も大きさもヒラスズキ釣りに即戦力として使え、期待に応えてくれることもしばしばある。

　ペンシルベイトの持ち味はドッグウォークの動きにある。一回一回確実に、ちょっとの間を空けて丁寧にドッグウォークさせてもよいし、早いピッチで小刻みにドッグウォークを連続させるのもよい。

　先述したダイビングペンシルだと左右にドッグウォーク（左右に首を振る移動距離の短い動き）しながら海中に潜り、おまけにヒラを打ったりぶるぶると震えるような動きを見せたあとに浮上する。

　スプラッシュ系のペンシルベイトなら海面で水しぶきを立てながら左右ジグザクに動く（この左右の動きを大きくして移動距離を長くすると、スケーティングアクションになる）。

　このように、ひと口にトップウォータープラグと言ってもその形態はいくつかある。ヒラスズキにはどの形態も有効である。サラシや強風などの条件を読み取ってフィットさせるところが面白い。

　ヒラスズキにトップウォータープラグを使うと、サラシや強風といった特異な環境から次の効果が期待できる。

　そもそもトップウォータープラグは凪

でもシケでも日中でもマヅメ時でも使え、時と場合を選ばない。もちろん、効く日と効かない日はあるものの、ヒラスズキがボイルしていないからトップには出ない、とはならない。

それは、水面で勝負するトップウォータープラグはごまかしが利くからにほかならない。飛沫や泡、アクションさせた際に引き起こされた波がトップウォータープラグのシルエットやサイズをカモフラージュするからだ。

太陽が高い位置まで昇ったとしても、プラグのカラーをクリアにすれば、そこでまたごまかせる。

サラシが薄いとヒラスズキの活性はあまり期待できないが、そこを海面トリックでバイトの扉をこじ開けてくれるのがトップウォータープラグだ。

もうひとつのタイプであるポッパーはペンシルベイト以上に凪向きのルアーだ。

青ものでは「朝イチや波っ気が出てきたらポッパーで凪いだらダイビングペンシル」という使い方が唱えられるが、ヒラスズキ釣りはシケの規模が激しいのでこれにとらわれてなくてよい。

理由は右で触れたほか、別項で記した「回遊待ちや寄せて釣るというよりもヒラスズキがいるところを転々と撃っていく釣り」だからで、音やダイビングで寄せるというよりは、ヒラスズキがついているストラクチャーを通すときにルアーが海面にあってほしいという戦略のためである。繰り返すことになってしまうが、ルアーが海中ではなく海面にあることが重要だ。海面は泡や波があり、ルアーをいいほうにごまかしてくれる。

ヒラスズキ釣りにおいては、ポッパーはペンシルベイトよりもサラシが少ない日に適しており、いわゆるショボサラシに絡めると音の相乗効果も期待できる。使い方はペンシルベイトのドッグウォーキングに通じるものがあり、間隔を空けてもよいし、連続でもよい。

ポッパーもペンシルベイトも大小や形状はさまざまあって、ポッパーなら10～12㎝前後、ペンシルベイトならポッパーよりもひと回り大きいサイズを基準に構成すればよい。いうまでもなく、どちらもサイズに幅を持たせておくと状況への対応力は上がる。

ペンシルもポッパーもサラシが薄いときのほうが効果的

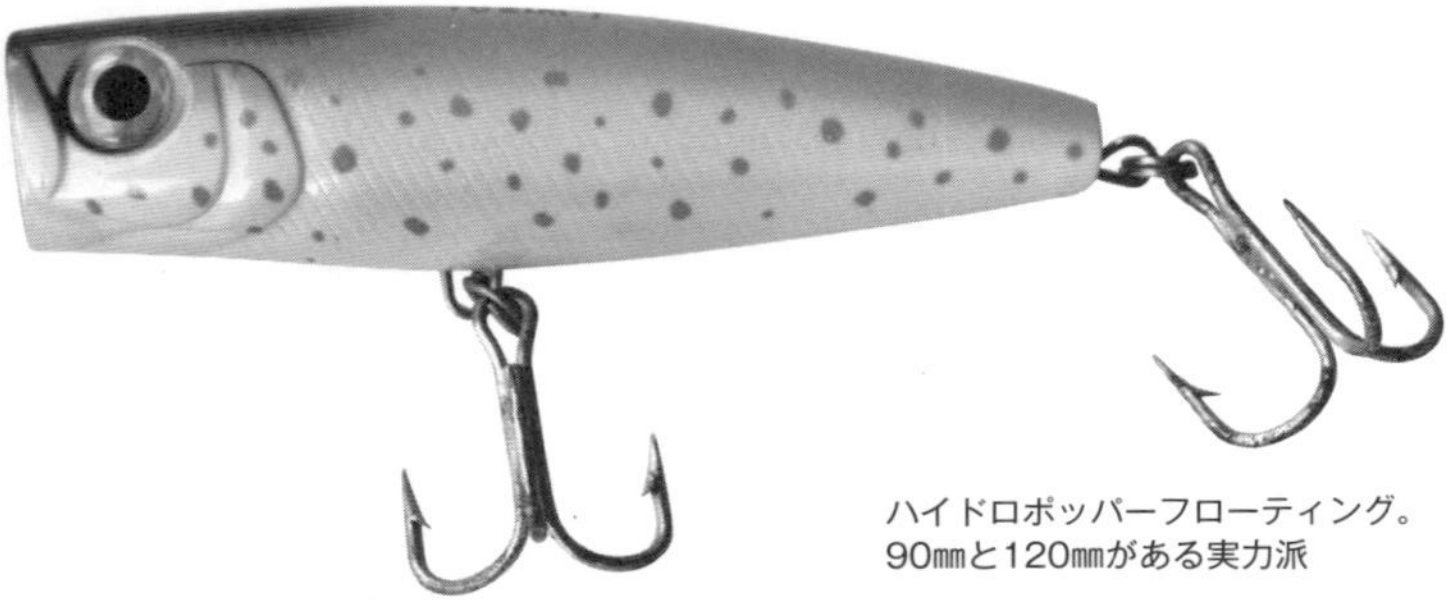

ハイドロポッパーフローティング。
90㎜と120㎜がある実力派

ポップクイーンF80。
ヒラスズキ釣りでは、ほかに
F105、F130、F160も活躍する

アダム。
約130㎜の斜めカットのカップが水飛沫
を引き起こすスプラッシュポッパー

TD ソルトペンシル。
現在はモアザンソルトペンシルとしてリファインされ、
サイズも豊富に揃っている

ジャイアントドッグX。
98㎜のバス用ペンシルだが、97㎜のSWもあり、
ともにソルトでの実績は高い

MOET（萌え）120F。
約120㎜のヒラスズキ以外にも
多くの魚種に効く一本

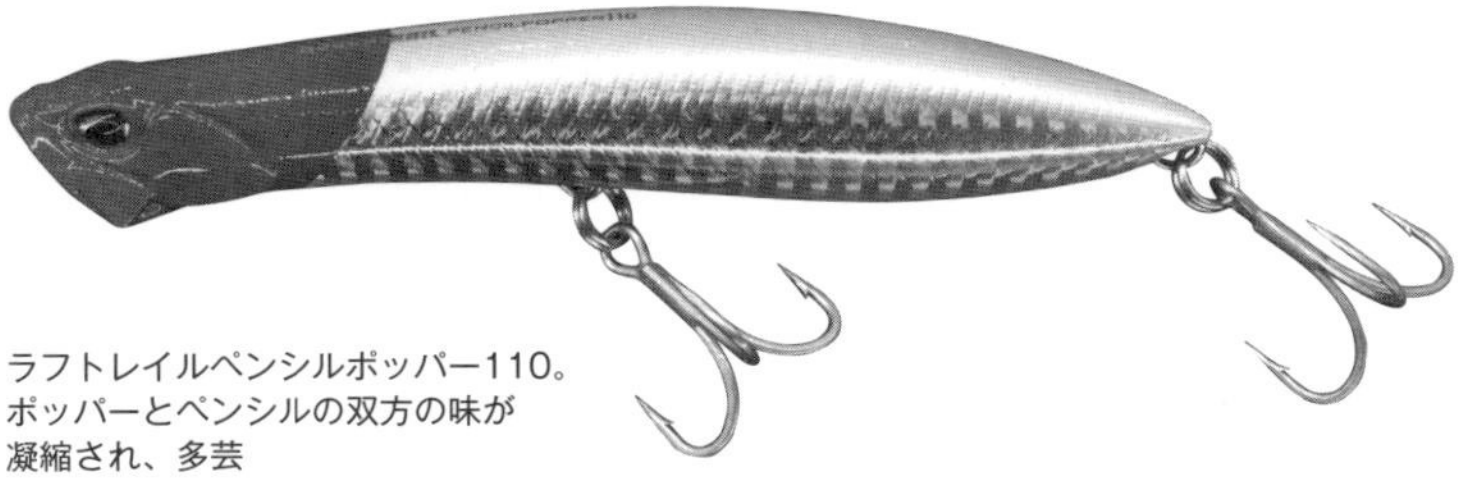

ラフトレイルペンシルポッパー110。
ポッパーとペンシルの双方の味が
凝縮され、多芸

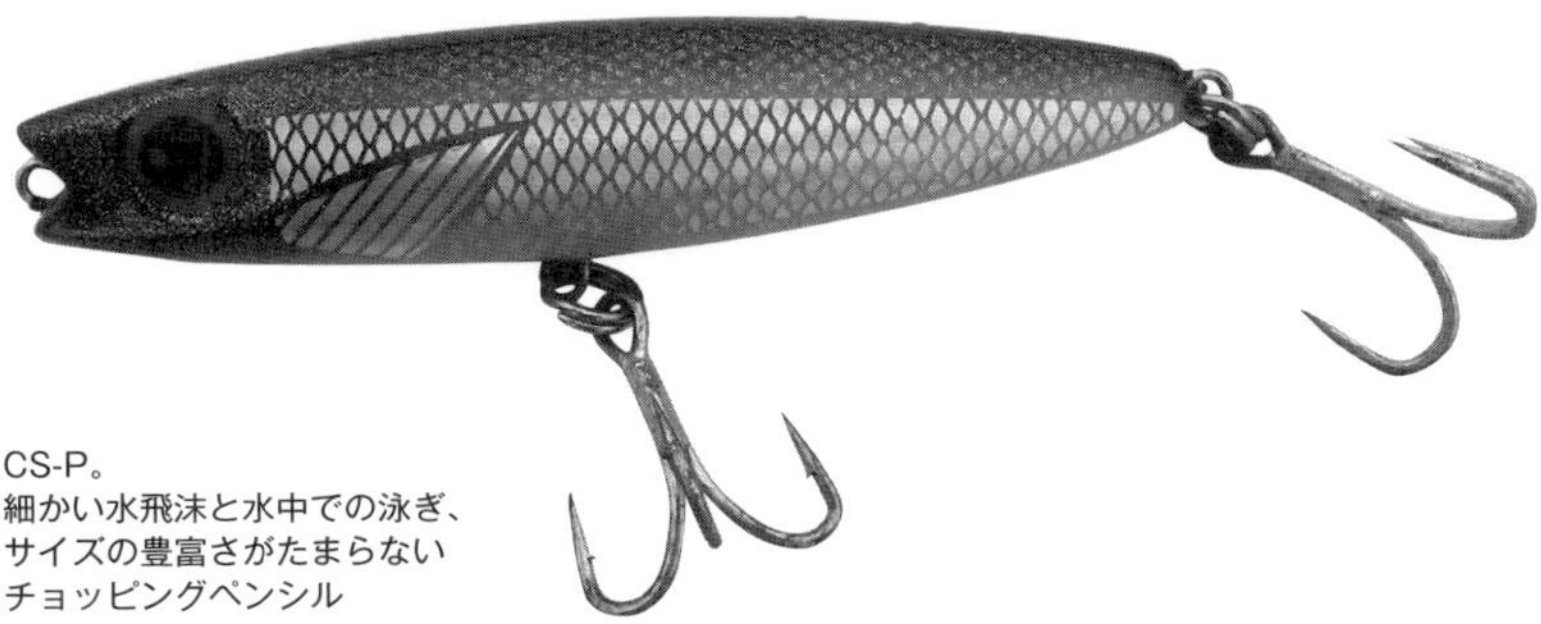

CS-P。
細かい水飛沫と水中での泳ぎ、
サイズの豊富さがたまらない
チョッピングペンシル

バイブレーションを準備する

細身のものを

　かつてアメリカ製のバイブレーションにはフローティングタイプがあった。だが、その時代はとうに過ぎ、現在の日本でバイブレーションルアーといえばシンキングが当たり前である。バイブレーションの特徴はさまざまあるが、大きさのわりに自重があって比重が高いところがこのルアーを象徴する部分である。

　そんなバイブレーションのフォルムは大きくふたつに分類できる。

　ひとつはクランクベイトを左右からプレスして潰したような薄くて体高のあるタイプと、もうひとつは細身のタイプ。ソルトルアーの場合は後者のタイプ、ミノーライクな細身が主流だ。

　バイブレーションの動きは、その名が示すとおり振動である。細かいピッチでぶるぶると震えるように動く。このルアーのよさは使い方がとても簡単でありながら、いろいろな使い方にも応じてくれるところだ。いろいろな使い方は、どれも大きさのわりに自重があるという特徴を利用したものだが、当然ながらバイブレーションにはさまざまな比重のものが作られている。

　単なるシンキングのほかにエクストラシンキングというとても沈みが早いタイプも揃っているほか、多くはないがスローシンキングモデルもある。

　材質もＡＢＳ樹脂、ウレタン、シリコン、金属などがあり、これらの違いも動きや比重に関与している。そして、ソルト用は中身が空洞になっていないソリッドボディのタイプが多い。

　中でも金属製はユーザーが増え、メーカー各社も傾注したことで「メタルバイブ」とカテゴライズされるようになり、メジャーの仲間入りを果たした。金属なので他の材質よりも明らかに比重が高く、小型にしてもある程度の重さを確保できるほか、硬い材質ならではの明確な波動を出すことができ、しっかりとアピールできるのに加え、小型なので魚に警戒されにくいとう面がユーザーに受け入れられている。

　飛距離の点では金属製に限らずどの材

米国製のほか一部の国産ルアーにもフローティングのバイブレーションがある

質も優れており、すべての種類のルアーの中でも一、二を争う飛距離をたたき出してくれる。したがって遠投して水深のある釣り場向きである。

逆に、シャローは根掛かりしやすくなる。ストロングポイント満載のバイブレーションだが、この点はウイークポイントだ。シャローフラットでは使うのに慎重になったほうが賢明だ。

ヒラスズキ釣りにおけるバイブレーションの使用優先順位は後位であるのは間違いない。だが、別項で紹介したとおり、ストロングポイントが多いゆえ、入門者には適したルアーでもある。釣り慣れた人にとってもタフコンディションを打開して貴重な1尾をもたらしてくれるルアーなので必携であると言っても過言ではない。

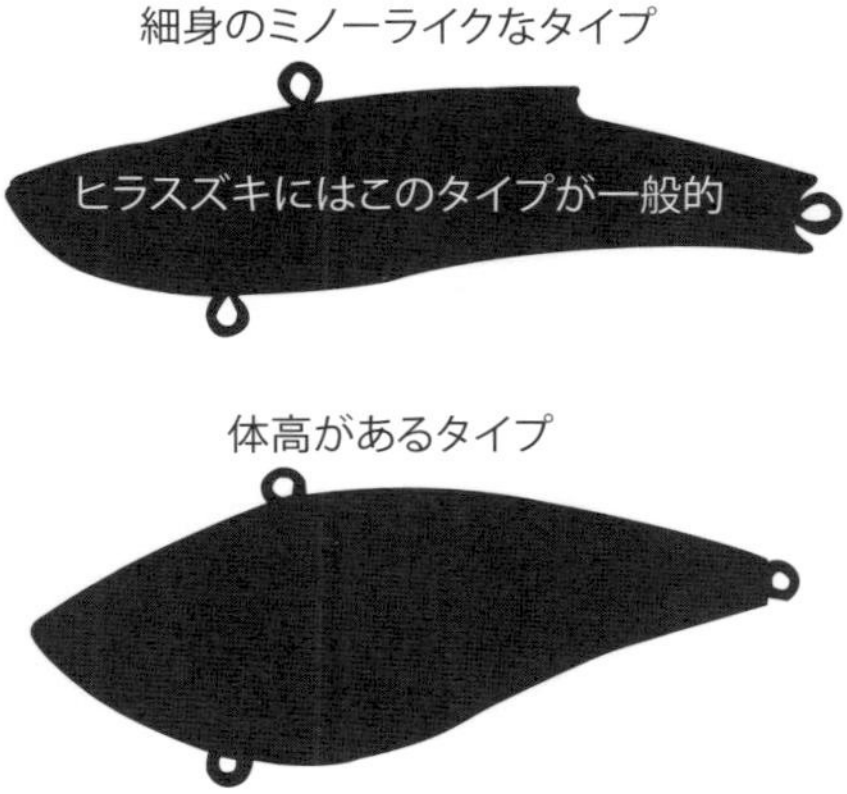
細身のミノーライクなタイプ
ヒラスズキにはこのタイプが一般的
体高があるタイプ

長さは10㎝以下のものが大半を占め、長さに対するアングラーの選択肢は限られている。

そうしたことから1～2個携行しておけば間に合うかと思われる。あとはシャロー域で使ったときのロスト分をどう考えるかである。なくなったときの保険として、さらに数個は用意したほうがいいかどうかの判断だ。

便利なルアーだが、ヒラスズキ釣りのスキルが上がれば上がるほどバイブレーションを使う局面は少なくなり、かつ限定的になってくる。

始めたばかりの入門者なら、ある程度はロスト分を考慮してルアーの布陣を考えたほうがいいのは間違いない。しかし、「一方であれもこれも持ち歩くのは自分自身を疲労させる原因を自ら作っていることにつながる」ため、思案のしどころである。

独立独歩のヒラスズキ釣りは、なんでもかんでも車に積んでおけば事足りるというわけにはいかない。そこで、「それではリュックを背負うことにし、保険分のルアーはすべてそこにしまっておこう」と、ヒラスズキ釣りはそんな具合に考えを派生させ、道具を連携させていく必要がある。

要らないものをそぎ落としつつ、要るものは着々と積み上げ、「どっちも持って行きたい」という葛藤と闘うのも準備の楽しいところである。

もちろん、これは釣行を繰り返すほど洗練されていく。だからこそヒラスズキフリークたちは登山家のようにその世界から抜けられないのかもしれない。

話が逸脱してしまったが、ミノーライクなバイブレーションを数個は用意しておきたい。

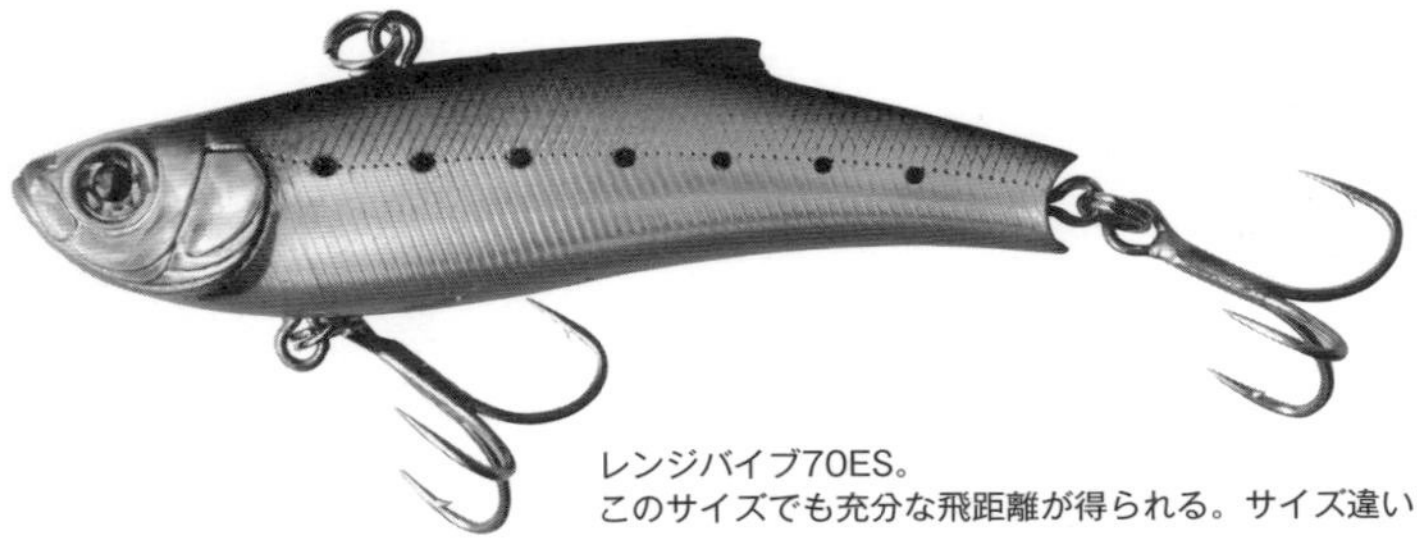

レンジバイブ70ES。
このサイズでも充分な飛距離が得られる。サイズ違いもある

マールアミーゴ。
現在はマールアミーゴⅡとして生まれ変わっている

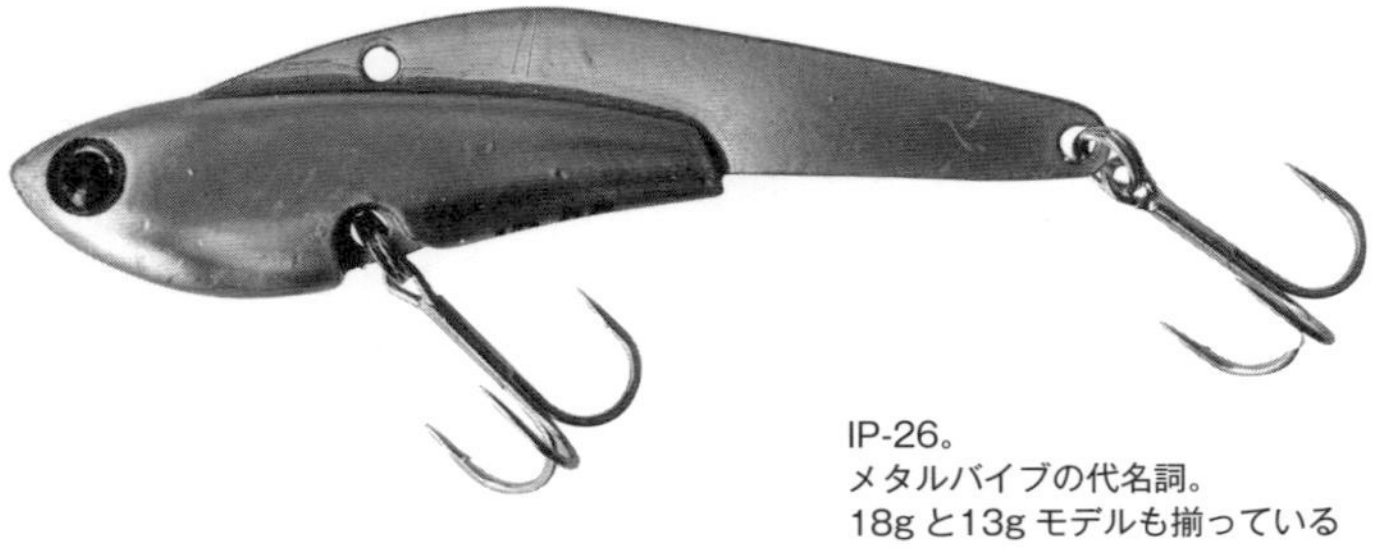

IP-26。
メタルバイブの代名詞。
18gと13gモデルも揃っている

ハードコアフィンテールバイブ。
テールのフィンがこのルアーを特徴づけている。
70㎜と80㎜がある

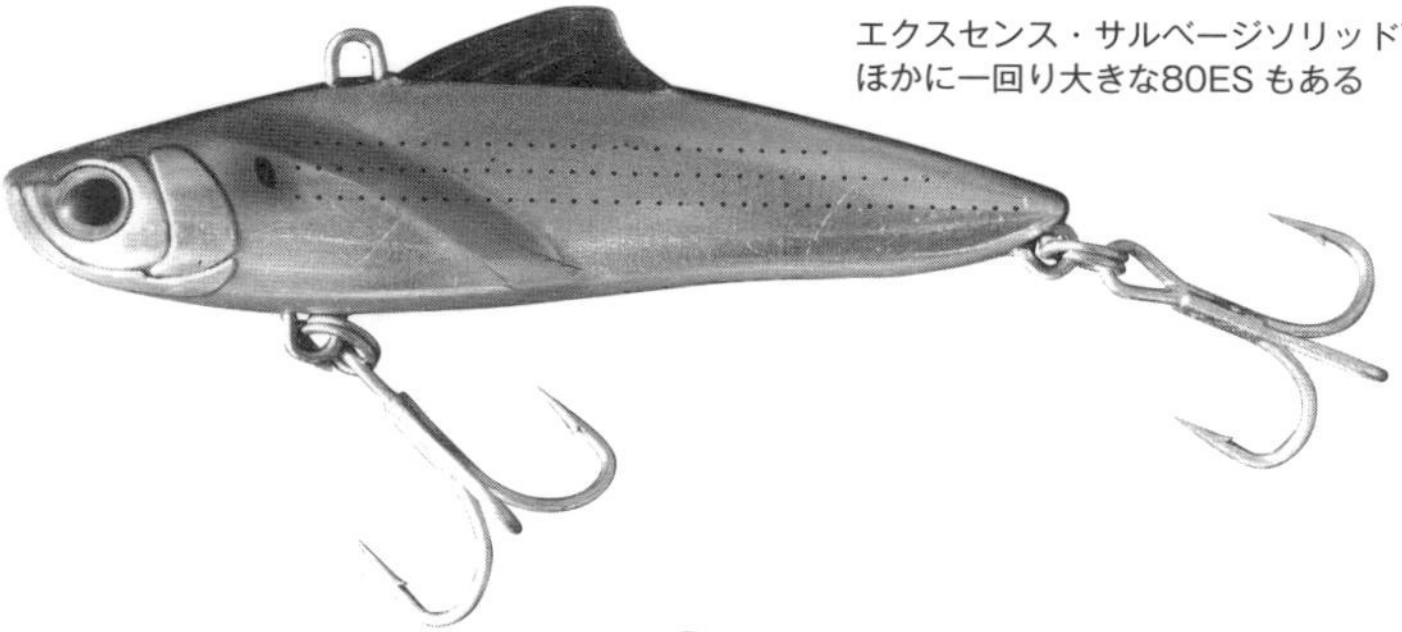

エクスセンス・サルベージソリッド70ES。
ほかに一回り大きな80ESもある

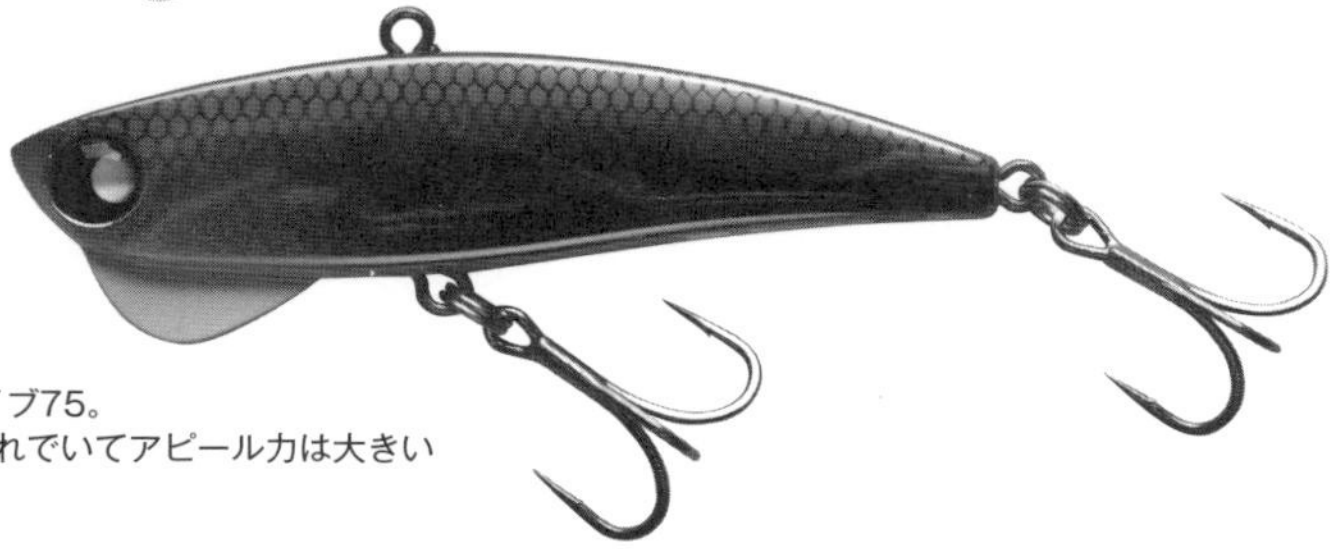

NOVA キールバイブ75。
スローに使え、それでいてアピール力は大きい

モアザンリアルスティール26。
26g のほかに18g、スリムタイプの25g、
35g まである

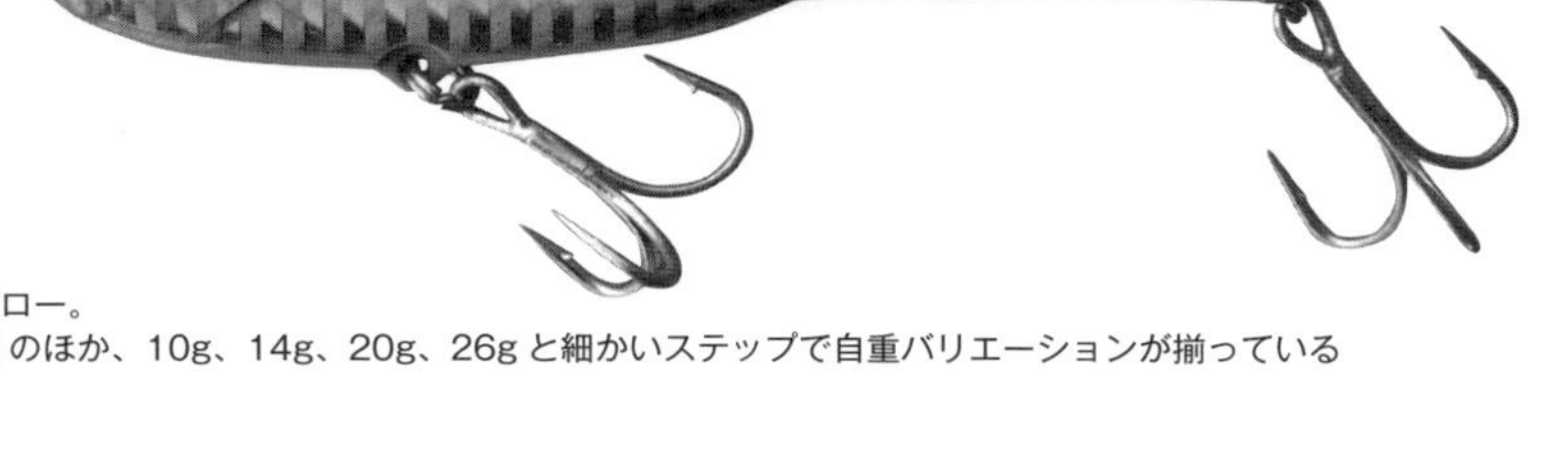

スパロー。
30g のほか、10g、14g、20g、26g と細かいステップで自重バリエーションが揃っている

メインラインの選択

PEラインがメイン

現在の主流はPEラインである。このラインは「細い、強い、伸びない」と三拍子揃っていて、同じ強度なら細い号数が使えるほか、細ければ飛距離が稼げると同時にヒラスズキ釣りにつきものの強風の抵抗も受けにくくなる。さらに、ナイロンやフロロカーボンに比べて伸びが少ないため、感度がよい点もルアー釣り向いており、もちろんこの釣りもその例に漏れない。そこに異論を唱える人はいないだろう。ただし、PEラインだけが選択肢かといえばそうでもない。

細い糸を編み込んだブレイデッドラインであるPEラインは、撚り数によって4本編み、6本編み、8本編み、10本編み、12本編みなどがある。この違いはラインの硬さ（しなやかさや張り）の違いとなり、さらに同じ撚り数でもラインの表面コーティングによって硬さが異なる。

硬さの好みは釣り人のフィーリングによって変わり、4本撚りを好む人もいれば8本撚りを好む人もおり、「何本撚りでなければならない」という決まりはない。

号数は1・5～2号がスタンダードな太さで、時期や場所によって号数を変えてもよい。また、人によっては号数を固定してキャストの感触が変わらないように努める人もいる。

どの釣りもそうだが、ことヒラスズキ釣りでは正確なキャストが求められ、荒い根がごろごろとある浅場でのミスキャストはルアーのロストに直結する。もっといえば、「目をつけた沖の岩場の1m横にアキュラシーキャストが決められるか」がバイトの明暗を分けることもあるため、「号数はもちろん銘柄まで決めて使い込む人」も少なからずいる。

ラインの色も人によって好みが変わる。どういうライン軌道を描いているかを把握しやすいように目立つカラーを選ぶ人もいれば、まったく気にしない人もいる。ちなみに、サラシや曇天時に目立ちやすいのはイエローやピンクで、ホワイトやグレーは目立ちにくい。

かつては高価だったPEラインも手頃な価格帯が増え、選択肢が多くなったことは嬉しい。だからといってメンテナンスフリーというわけではない。釣行後はリール本体からスプールを外して流水で塩分を洗い流し、陰干しで乾かしたらメンテナンススプレーを噴きつけて滑りのよさを保つようにしておきたい。こうすることで強さも保て、長持ちさせられる。

PEライン以外

ヒラスズキ釣りはスピニングタックルと相場が決まっていたが、そこに少しずつ変化が芽生えている。技術の進歩によるベイトリールの台頭がルアーの各ジャンルに及んでおり、先駆的なアングラーはこのヒラスズキ釣りにも取り入れるようになってきた。

ベイトリールにPEラインを巻き、ヒラスズキと激しいファイトをすると、PEラインがスプール内のラインに食い込む現象が起こる場合がある。こうなってしまうと、それ以降のキャスト時に食い込んだ部分でラインの放出が止まり、最悪の場合は高切れする。

ラインの食い込みを防ぐため、ベイトリールにはナイロンラインを巻く。

ナイロンラインはかつてヒラスズキ釣りでメインに使われていたラインだが、伸びやすいところが悩みの種でもあった。そこにPEラインが登場し、急速に支持を拡大したというのが時代の流れで、ナイロンの使用は時代に逆行しているようにも感じられるが、ロッドの進歩がそこを補ってくれる。

スーパーX ワイヤー8は8本撚りでしなやかなタイプ

スーパーX ワイヤー4は4本撚りで張りがあるタイプ

【ラインの主な違い】

強度に対する細さ：PE＞ナイロン≧フロロカーボン
比重の軽さ：PE＞ナイロン＞フロロカーボン
伸びにくさ：PE＞フロロカーボン＞ナイロン
同号数の引張強度：PE＞ナイロン＞フロロカーボン

ヒラスズキ釣りにベイトリールを起用する人は、もちろん「マニュアル感が使っていて心地よい」という嗜好の点もあるが、大型をねらっている場合が多い。つまり、大型に合わせた頑丈なロッドであれば、アワセのパワーも充分に伝えられ、タメもリフトアップも効くし、ナイロンラインであってもぐいぐいと寄せられると判断している。それでいて、「あ、バレそう」という危機を察知したらテンションを緩めてナイロンの伸びを利用してバラシを防ぐこともできるという戦略を持っている。

ナイロンラインを使い、同じモノフィラメントライン（単線）のフロロカーボンラインにしないのは、比重を考慮してのことである。

フロロカーボンは低比重のため水に沈みやすく、ヒラスズキのポイント周りや激シケのときには有用に思われる。しかも根ズレにもっとも強く、その点ではPEもナイロンも凌ぐ。

だが、浅場でやることが多いヒラスズキで、手前のヒザ丈ほどの水深でラインが沈んでしまうと根掛かりロストの原因になりかねないため、足場近くのロケーションを考えると不向きといえる。逆を言えば、水深がある場所なら選択肢になりえる。サラシが極めてひどい場合や一転薄いサラシの中でレンジを入れてからねらう場合にも沈みの早いフロロカーボンは合っている。

ヒラスズキ釣りのリーダーの選択

どう結び、どうつなぐか

リーダーに関してもメインラインに関しても、ヒラスズキ用のラインはシーバスよりもワンランクからツーランク太い号数を使う。

ヒラスズキ釣りのリーダーの太さは35～45Lb(10号前後)が一般的で、タイプはフロロカーボンを使う人が多数派だが、ナイロンリーダーも使われている。

参考までにナイロンとフロロの違いを記すと、比重や強度、太さや伸びの違いは別項で触れたとおりだが、ほかにも吸水性や根ズレへの耐性に違いがある。ナイロンは水を吸い、それにともなって太くなるが、フロロは水を吸わず、根ズレにも強い。硬さや張りもフロロのほうがあるので、ルアーを巻いて探っているときにも漂わせているときにもちょっとした変化が伝わりやすい。

どちらのタイプを使うにせよ、長さは人によりけりで1ヒロ半程度の人もいれば2ヒロ半の人もいる。スピニングリールの使用時は、ノット部分をスプール内に巻き込まないほうが飛距離を出しやすくなる。もっといえばキャスト時にノット部分がガイドを通過する数はひとつでも少ないほうがよい。リーダーを短くする人はこの点を考慮している。

リーダーは号数でいえば10号前後が目安

一方、ベイトリールを使うときはリーダーをスプールに巻き込んでもスムーズに放出されやすいため、3～4ヒロほどに長く取る人もいる。長さの点でもヒラスズキではシーバスより長くするのが特徴である。

メインラインとリーダーの結束はFGノットで組む人が多く、一方で「FGノットでなきゃダメ」ということはないものの、このノットをマスターすればショアやオフショアの青もの釣りにも応用できるほか、ヒラスズキ釣りの最中に青ものがヒットした場合でも気後れすることなくファイトできるため、マスターしたい結束法である。

とはいえ、FGノットに慣れないうちに無理矢理実戦投入するのは得策ではない。精度が低いFGノットで釣るくらいなら、自信の持てる他の結束法で組み上げたノットのほうが苦い経験をせずにすむはずだ。

FGノットに限らず、ノットの精度向上は何度も結ぶ以外に上達の道はなく、部屋の中でノットを組むのと風が吹く屋外で組むだけでも精度が変わってくるため、自信がつくまでは実釣以外で練習するのがよい。実戦では時間との勝負になる場合も少なからずあるため、「素早く、確実に、強いノット」で結束できるのが目指すところだ。

最近は確実かつ簡単に結束できるようノッターも販売されており、使う使わないは本人の考え次第だが、なるべく荷物を減らしたほうが歩きやすいこの釣りでは、機械や器具に頼らずに結束できるのが理想である。

素早く、確実に強いノットを組めるのが理想

リーダーの強度を上げるために、ルアーと結ぶ側の矢引き程度をダブルラインにするのもアリだ。たとえば風向きが横方向だと、メインラインもリーダーも細いほうが風から受ける抵抗を抑えられる。それを考慮してリーダーを細くしたときに、「でも魚と近い部分だけは強くしたい」ときに有効である。

かつて、ダブルラインはシーバスやヒラスズキ釣りの指南書に必ず紹介されていたラインシステムだったが、リーダーの品質向上に伴って紹介される機会が減り、実戦に取り入れる釣り人も少なくなった。しかし、ヒラスズキ釣りの経験を豊富に積んだアングラーはここぞという場面では速やかにこのシステムで臨んでいる。

ベイトリール使用時のメインラインにナイロンを巻いた場合も、リーダーとの結束部の伸びを低減させ、強度も上げるためにナイロンライン側の30㎝程度をダブルラインにしてからリーダーと結束するのも安心できてよい。

リーダーとルアーの接続は、スナップを使えば簡便にルアーチェンジを行なえるものの、「スナップの留め具が開いてルアーもろとも魚が泡に消えていった」や「破壊された」といったケースに遭遇することもあり、それを経験した人はスナップ以外の方法を取るようになる。

その場合、ソリッドリング＋スプリットリング、もしくはリーダーにビニールチューブを通してからスプリットリングをつなぐほか金具をいっさい使わないフリーノットにしている。これらの方法ならば、スナップ同様にリーダーをカットすることなくルアーを替えられ、破損などのトラブルも少ない。

ビミニツイスト

【ダブルラインを作る】

リーダーの先端やベイトリールに巻いたメインラインの先端に有効

①イトを二つ折りにして交差させる。

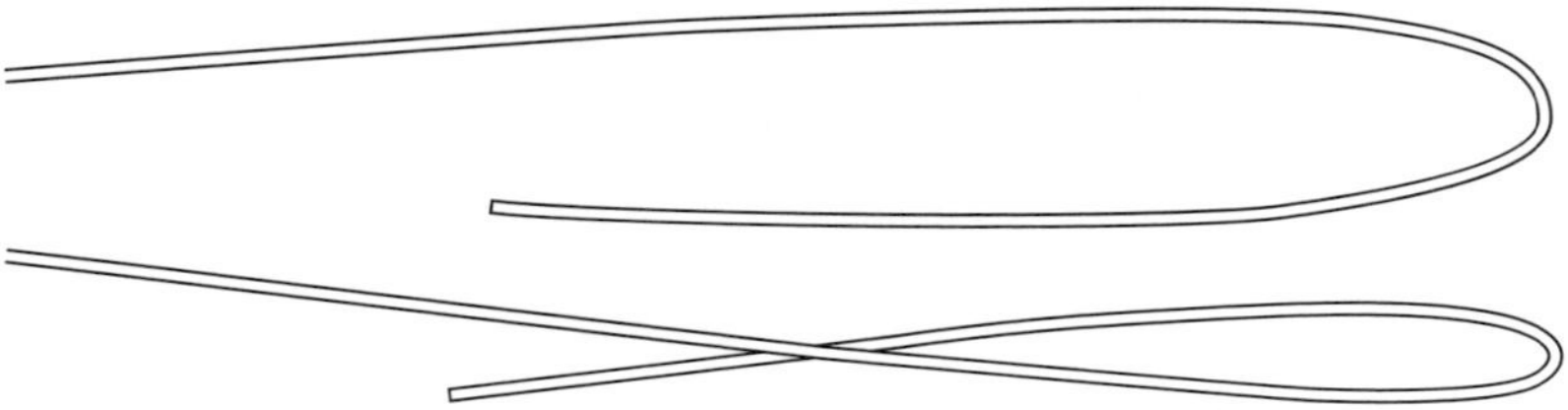

②輪の中に手を入れてぐるぐる回すなどして20回以上ヨリをかける。

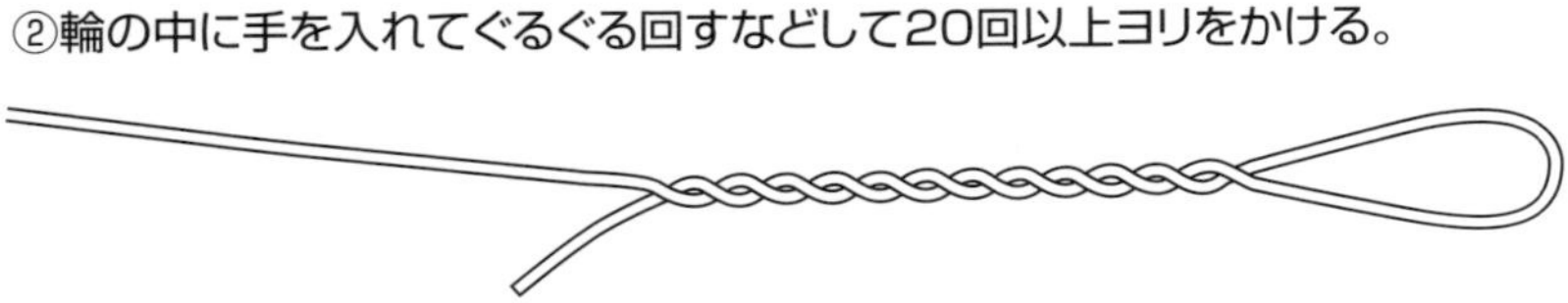

③ひざを輪の中に入れるなどして輪を固定し、
指で輪の側から絞るようにヨリを寄せていく。

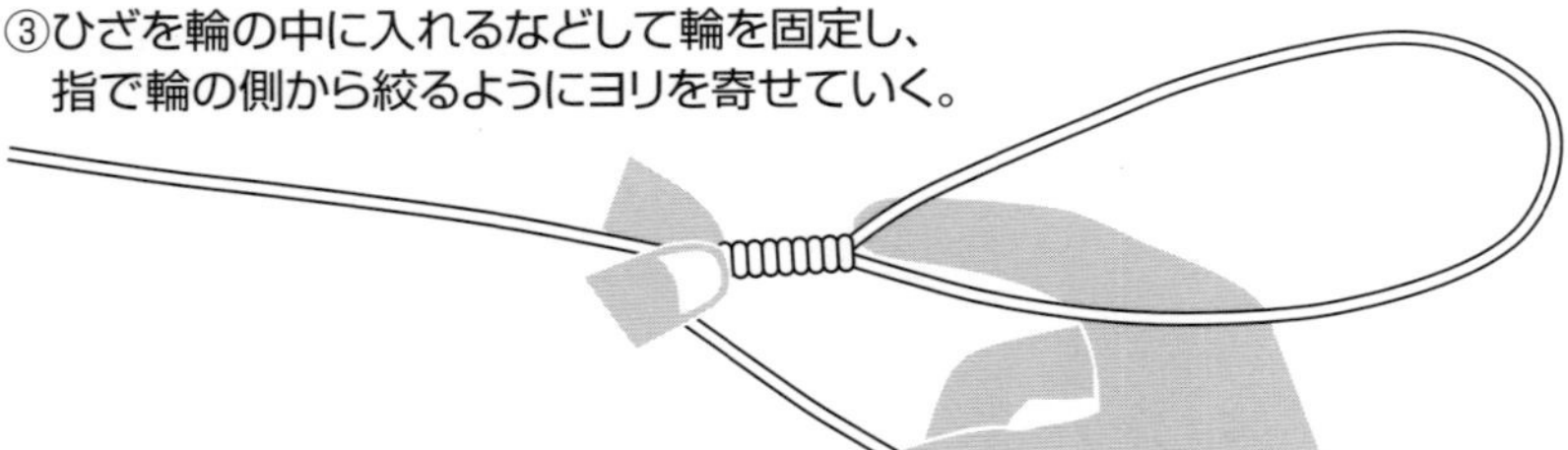

④ヨリをかけた部分に端イトを近づけると
自然に絡みつくようにヨリがかかる。

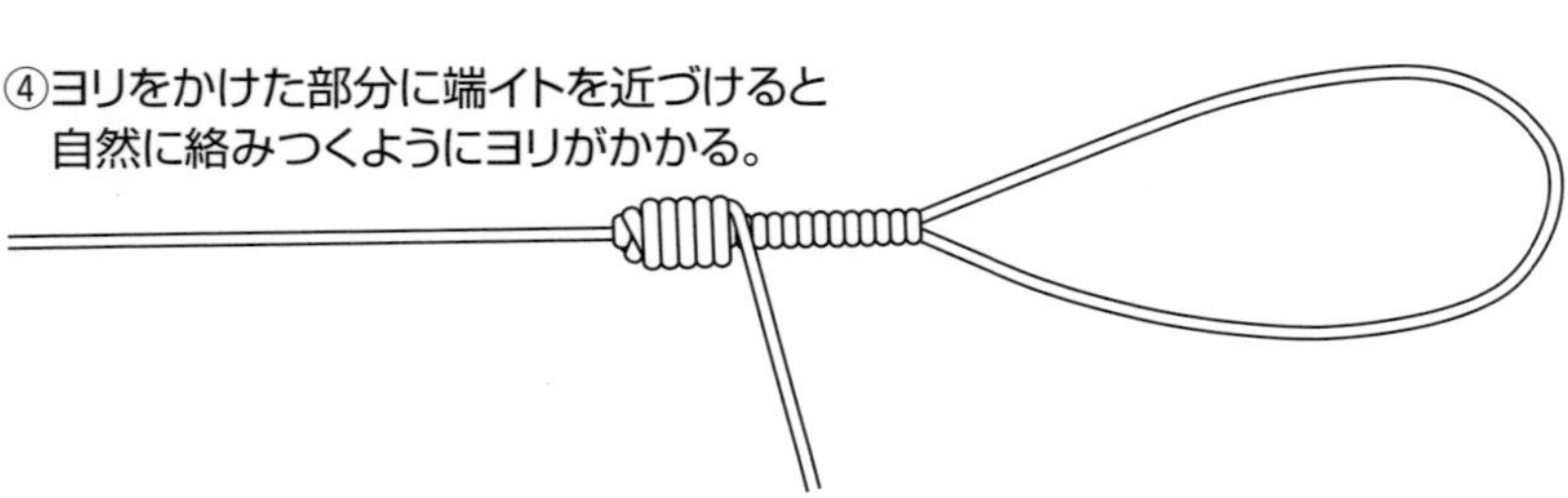

⑤端イトが最初のヨリを覆うようにヨリがかかっていく。

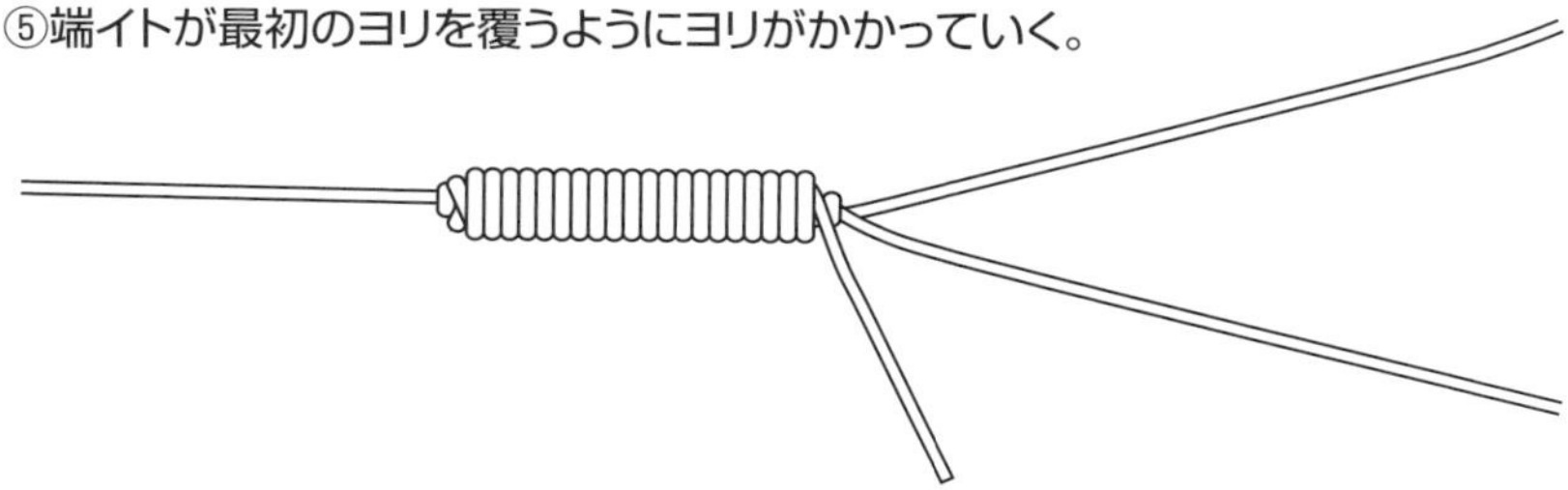

⑥ハーフヒッチを1回行なう。

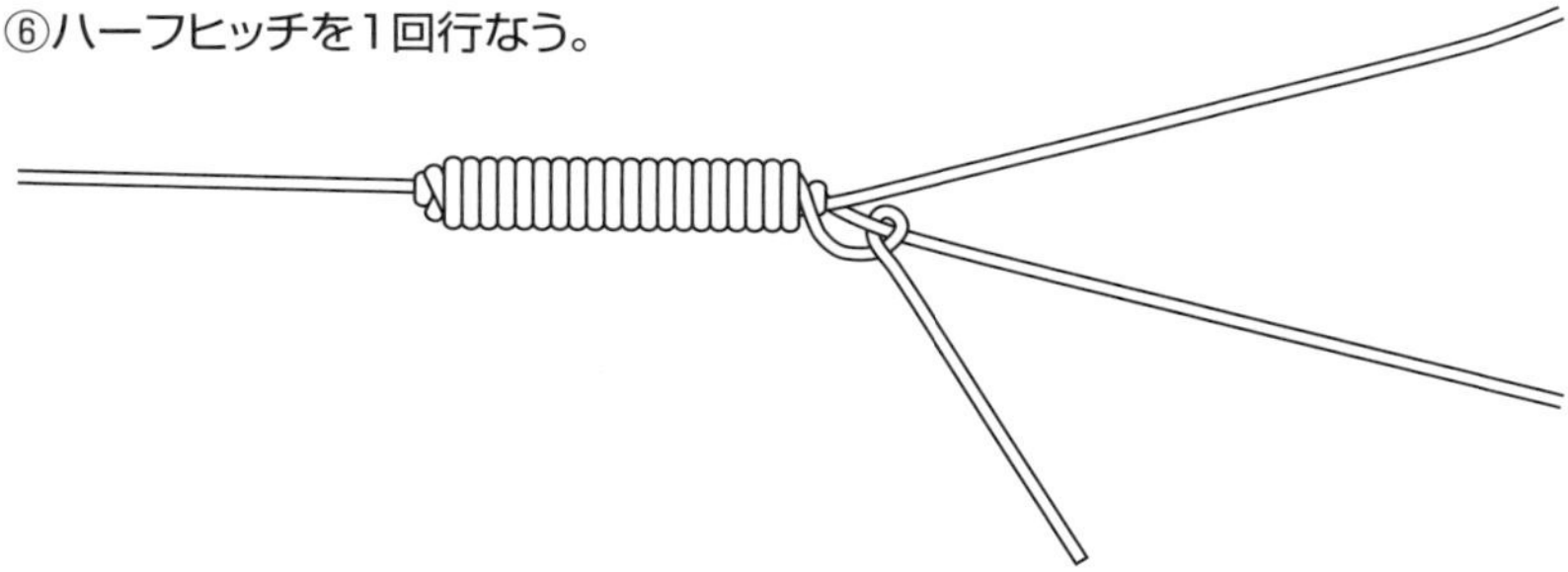

⑦端イトを図のようにダブルラインに絡める。

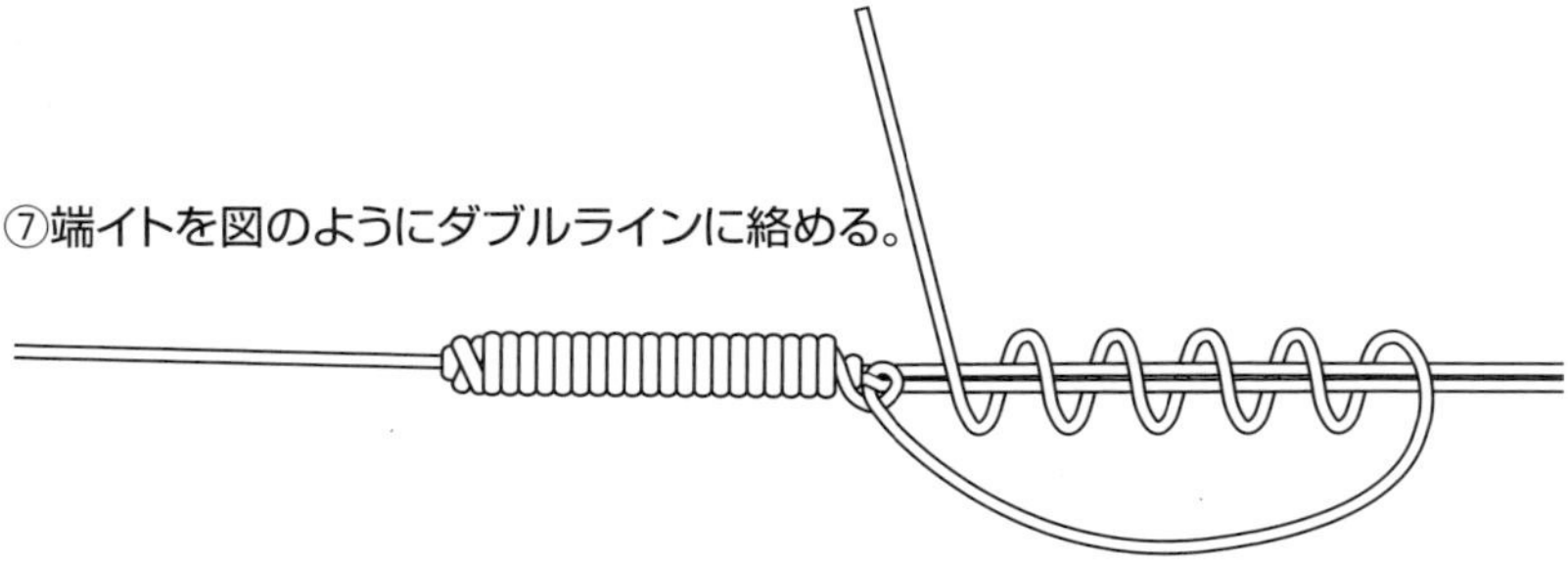

⑧ゆっくり引き締め、余りを切れば完成。

【メインラインとリーダーの結束法】 FGノット

屋外だと風が吹いていてやりづらくなるので実釣以外でしっかり練習しておきたい

①リーダーにPEを10回前後編み込んでいく。

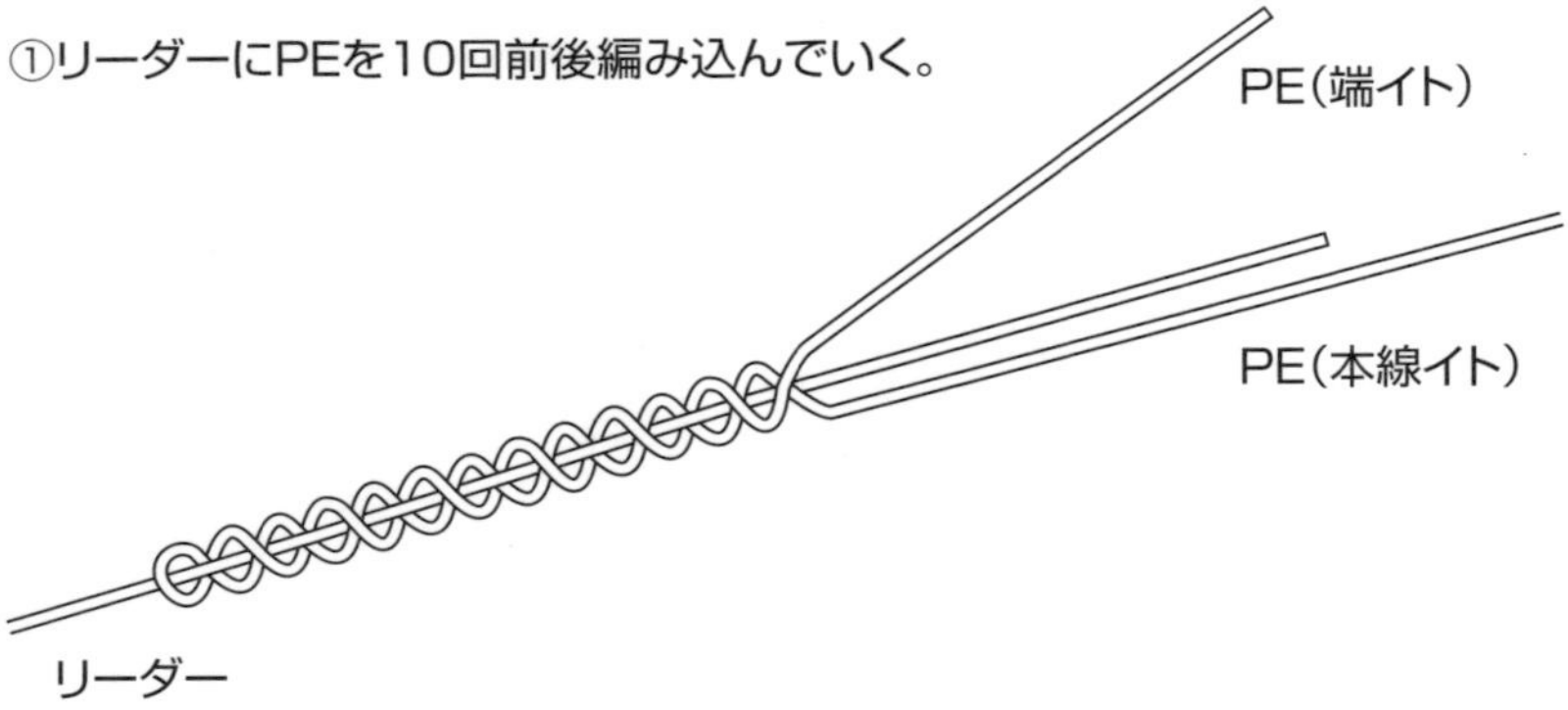

②PEの端イトで図のようにPE本線イト、リーダーを巻き込んで一度留める。

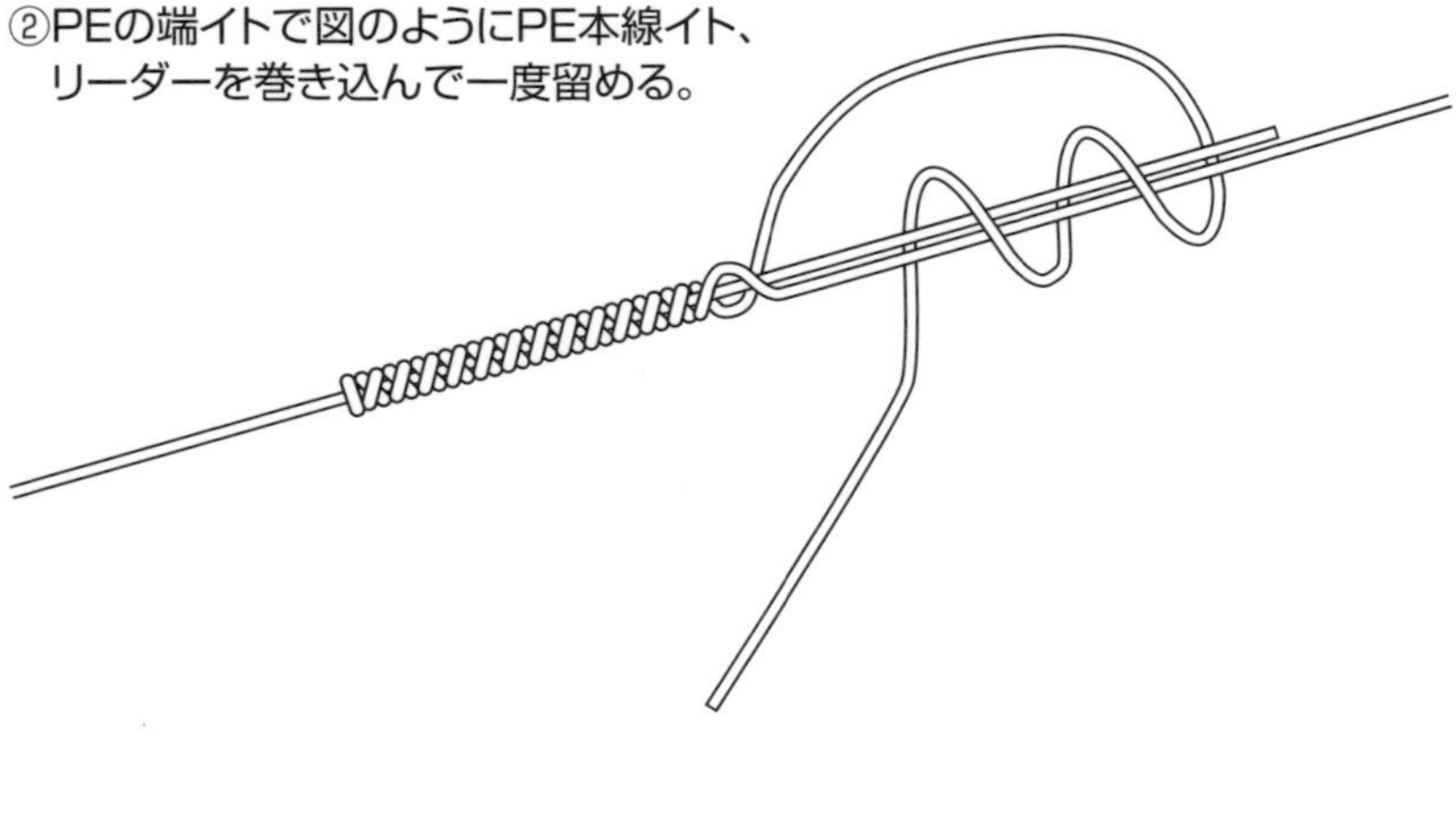

③PE端イトでふたたびPE本線イト、リーダーを巻き込んでハーフヒッチ。1回ずつしっかり締めながら10回同じ作業を繰り返す。

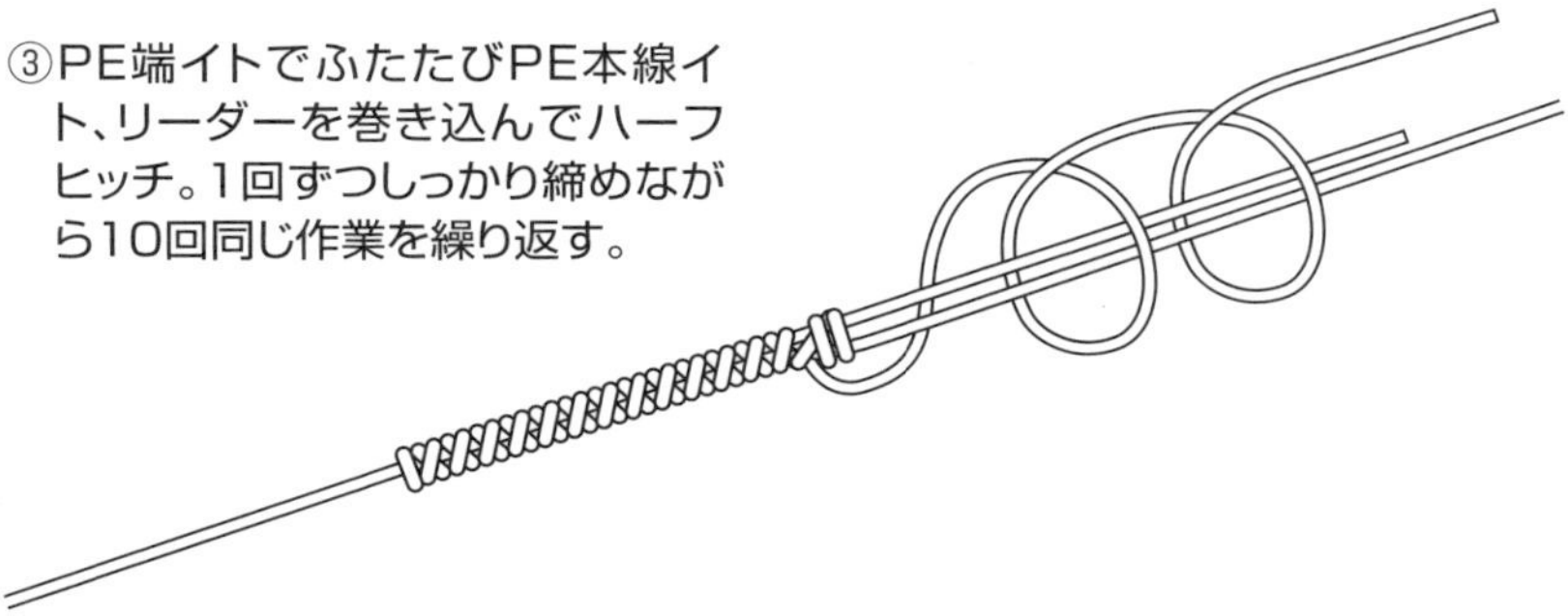

④最後は図のようにPEの先端でリーダー、PE本線イトを3回巻き込むようにして結ぶ。

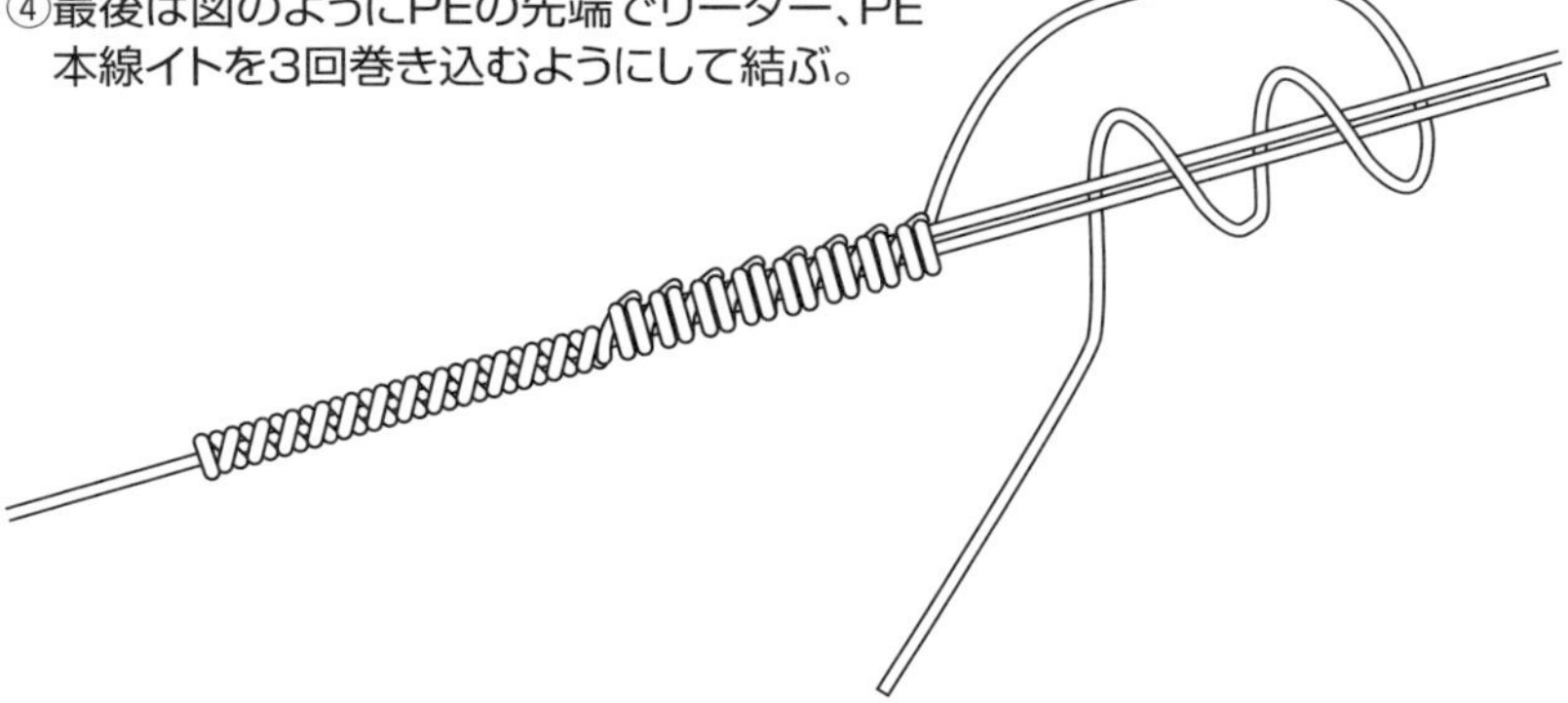

⑤ゆっくり引き締めて余りを切れば完成。

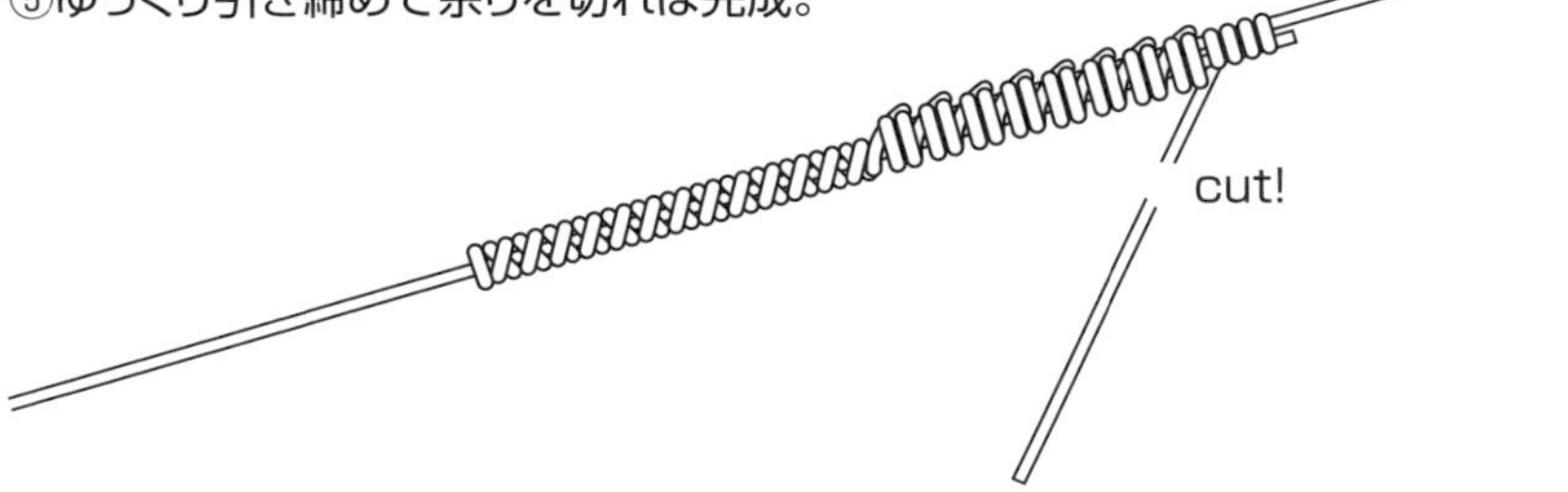

パロマーノット

【リーダーとリングの接続法】

手早くできて強く、リングの接続に適している

①リーダーを二つ折りにする。

②ソリッドリングやスプリットリングに通す（スプリットリングの場合は
リーダーにビニールチューブを通して結ぶと強度的に安心）。

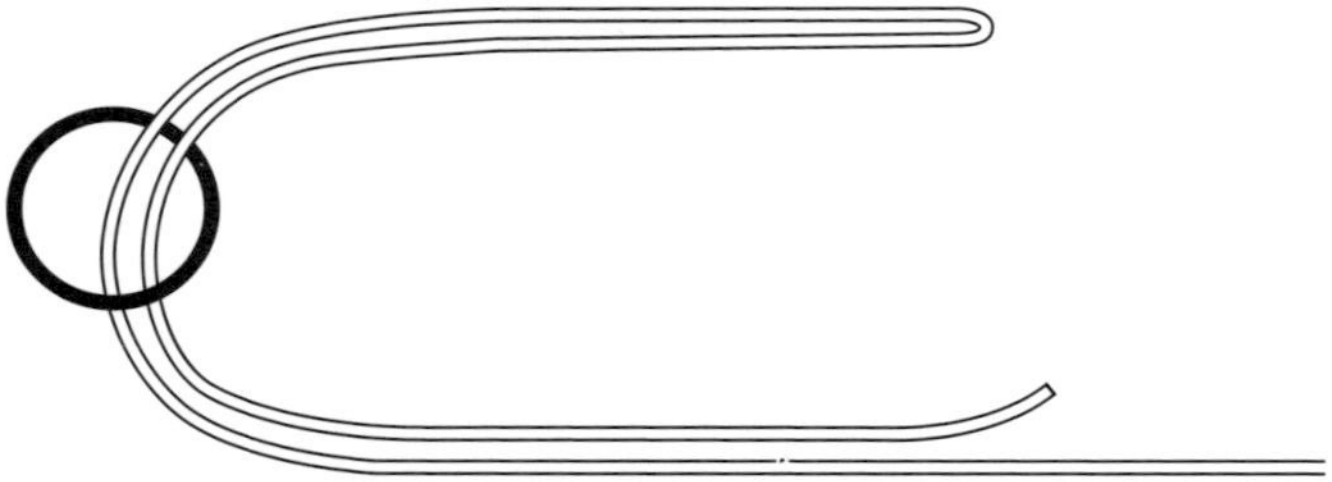

③片結びの要領で図のようにリーダーを回す。

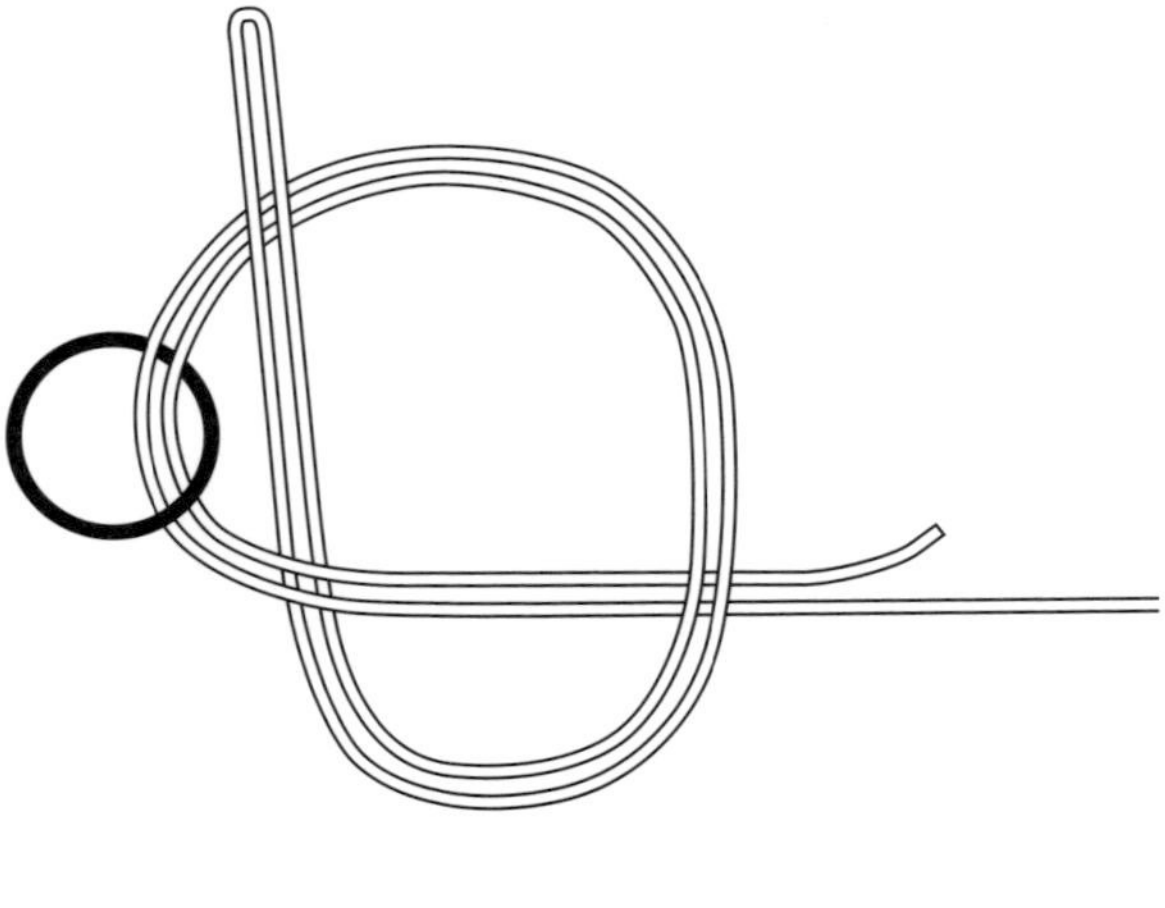

④二つ折りにした先端部を図のように被せて……。

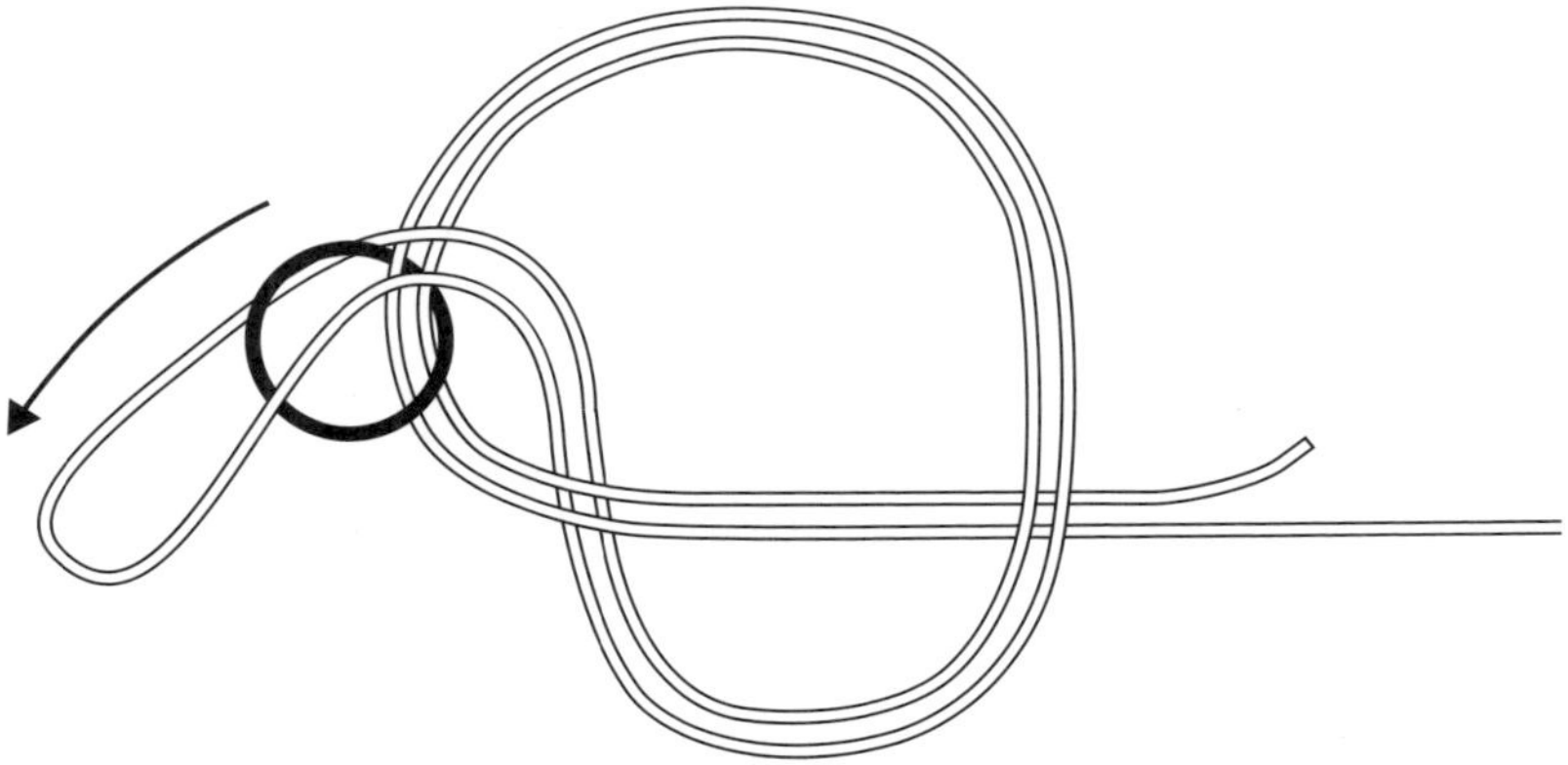

⑤本線イト、端イトの両方をゆっくりと引き締める。

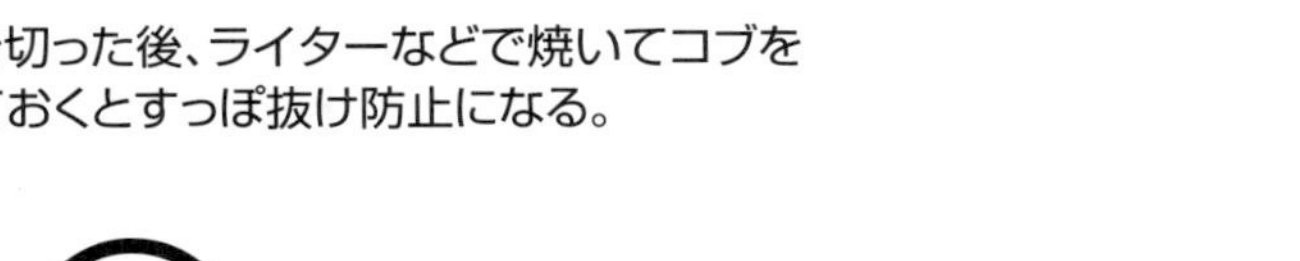
cut!

⑥余りを切った後、ライターなどで焼いてコブを
作っておくとすっぽ抜け防止になる。

スプリットリングをソリッドリングにつなぐ

フリーノット

【リーダーとルアーの接続】フリーノット

動きの自由度が増すほか、リーダーを切らずに
結び目をほどいてルアーを交換することもできる

①リーダーに片結びのもと（輪）を作る。端イトをアイに通す。

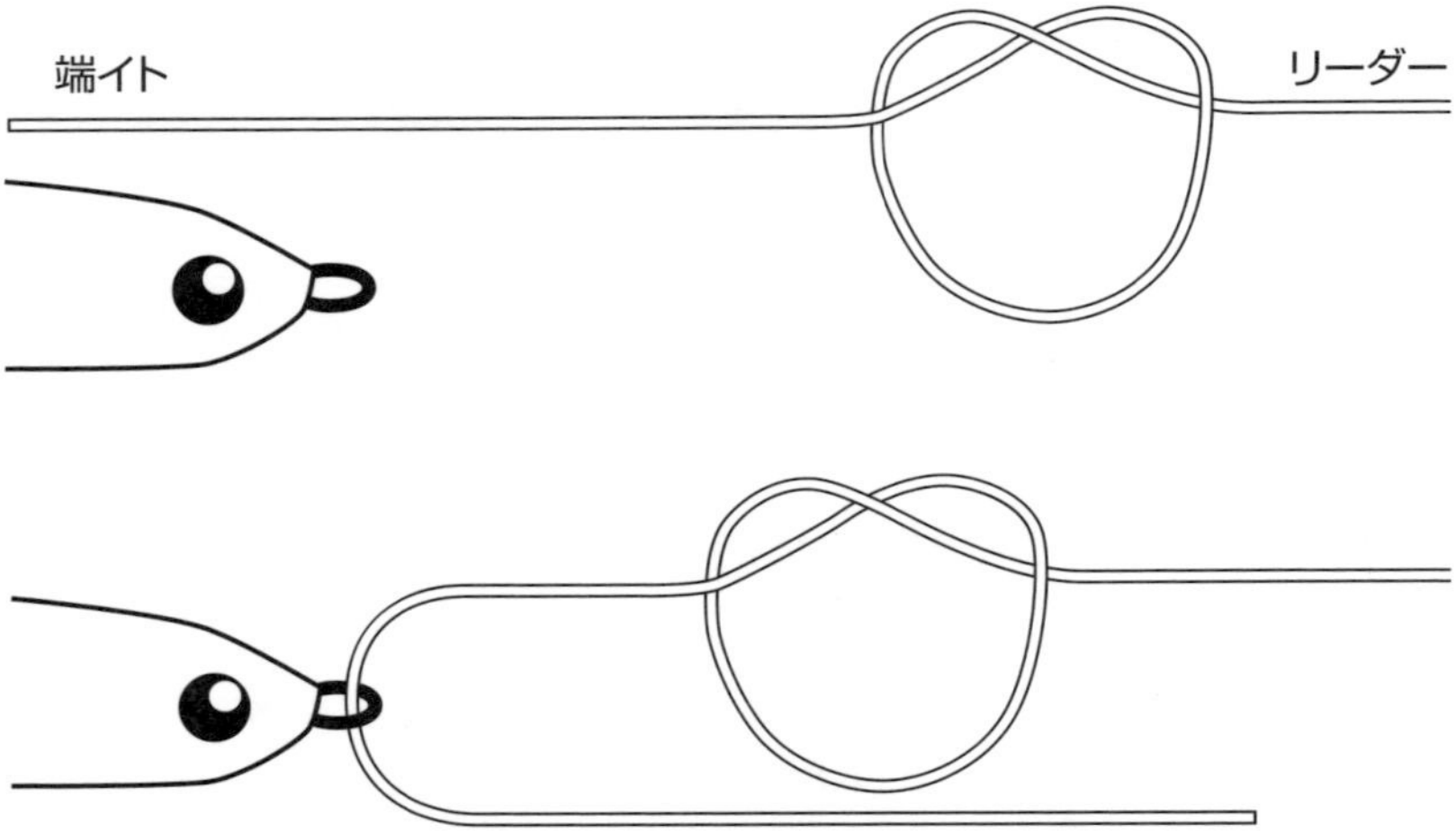

②1の輪に端イトを通す。この時点では投げ縄結びの形になっている。

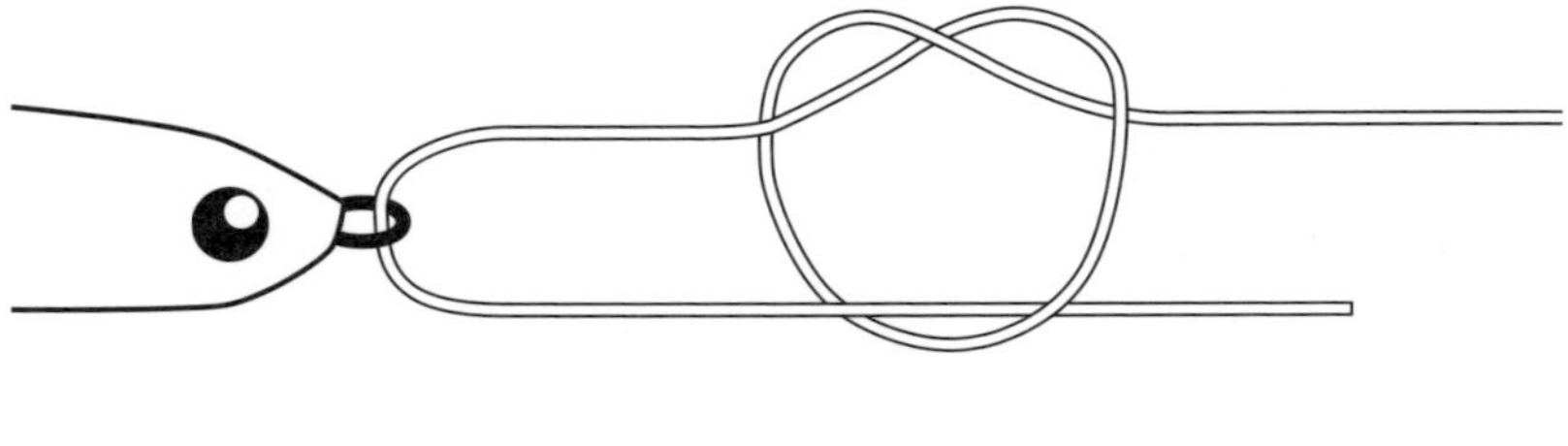

③本線を軽く引いて任意の箇所に結び目を作る。
続いて図のように端イトで片結びを行なう。

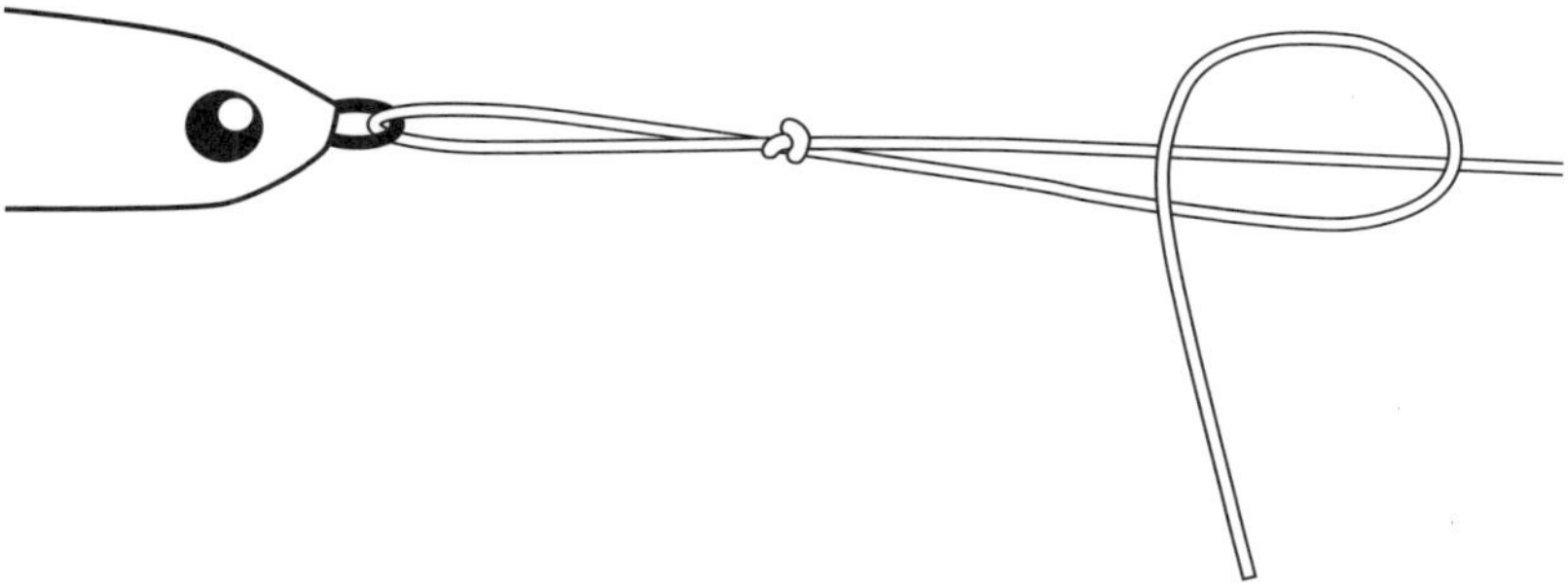

④端イトを軽く引いて片結びのコブを作る。

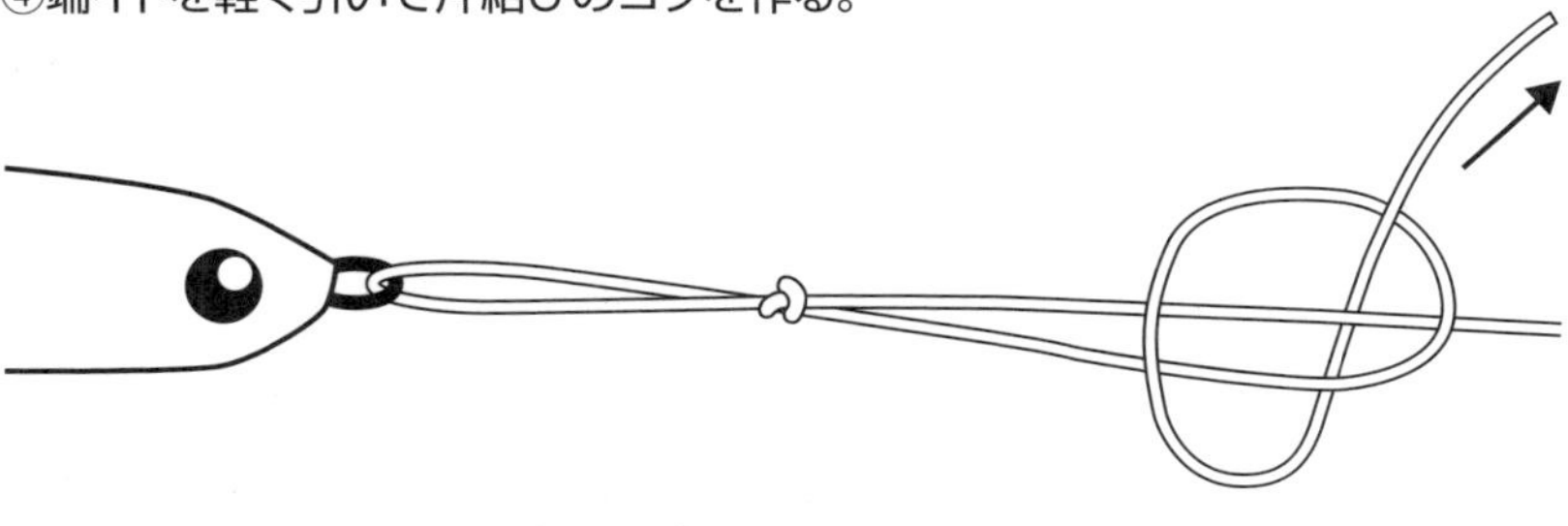

⑤アイ（ルアー）とリーダーをゆっくりと引き締める。
片結びの結び目が移動して1つになる。

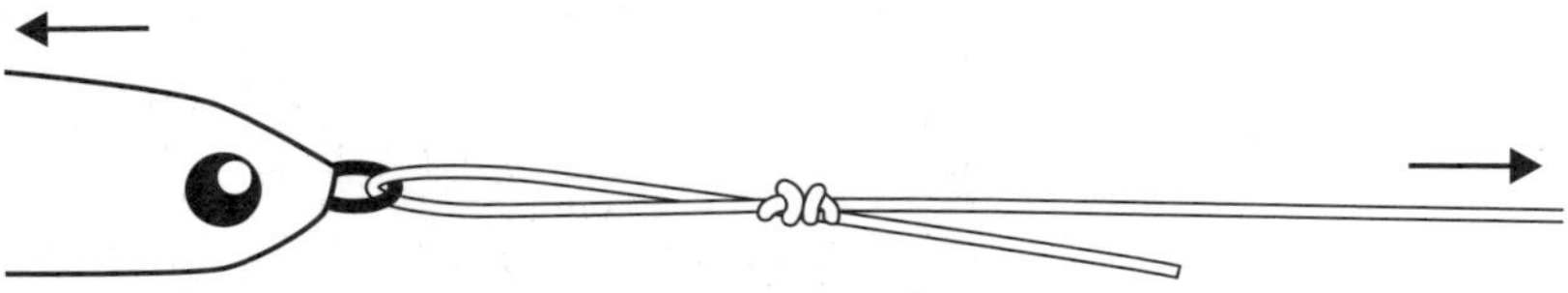

ロッド選びの目安

ふさわしさの3要素

ロッドを選ぶうえでもっとも大切なのは、自分にとって軽く、振りやすいロッドであることだ。そうでないと起伏のある磯歩きをしながらのこの釣りでは疲れてしまい、長く振り続けられなくなるからだ。

選ぶ目安は、長さ、調子、パワークラス、自重、価格に、あとは好きなメーカーやデザインなどがあり、「自分にとってふさわしい、釣り場にふさわしい、魚の大きさにふさわしい」の3要素がある。

そして、風を切ってキャストを繰り返すため、ブランクはブレにくくて細いほうが有利である。

長さは10ft半ばから15ftまで幅広くあり、よく使われるのは11ft台といってよい。したがって釣り人の感覚では10ftクラスは若干短めにあたり、12ft半ばはやや長め、15ftはロングロッドに属す。どの長さが適正かを考えるには、足場の高さ、水際の地形、ポイントまでの距離、自分の技量や腕力といった観点がある。

足場が高いと、操作時でもファイト時でも、とくにヘッドシェイクに応じるには長いロッドが適している。では平磯ならば短いロッドですむかといえばそうでもない。とくにシャローフラットでは飛距離を稼ぎたくなるし、ルアーの操作中やファイト時は手前の浅瀬に点在する根をかわすのにロッドは長いほうがやりやすい。

ルアーの飛距離を出すには長いほうが有利とされているが、それは理論上の話とも言える。実際にはロッドの自重や調子、パワークラス、キャスト時のスイングスピードといった自分の技量が関係するからだ。

長いロッドを持て余すくらいなら、短いロッドを使ってキャスト時のスイングスピードを速くしたほうが飛ばせるケースだってある。ロッドが長いとキャスト時の周回軌道は長くなるため、素早く振り抜くにはムダのない動きとインパクトでエネルギーをルアーに乗せる瞬発力が必要になる。要は、現在の自分のキャスト技術でシャープに振り抜ける長さと重

ロッドはせっかくなら持つことに喜びを感じられる一本を選びたい

さを考えるべきである。

次の点も踏まえておきたい。

長いロッドだと、バイトがあったときにフッキングパワーを伝えるアワセの動きがショートロッド以上に必要になる。鋭くフッキングを決めるなら短いロッドのほうが分がある。長いロッドにこだわるなら、これらをクリアできる軽さを徹底的に探し、自分にとってストレスなくキャストできて操作できるものを選びたい。

大は小を兼ねない

どの硬さが適しているかは自分の好みで決めてよい。そこに今の自分のスキルも加味しておくとより即戦力のロッドを見つけやすくなる。ちなみに硬さを考えるときは、「硬さとパワーを混同しない」ようにしたい。

硬いロッドとパワーがあるロッドは完全にイコールではないからだ。硬くても中型から大型を想定した設計もあれば、軟らかくても大型だけに照準を絞ったものもある。

つまり、硬さは調子（アクション）であり、パワーは耐荷重である。ファースト、ミディアム、スローが調子で、M、MH、H、X、XHがパワーである。

硬いロッドの特徴は、ルアーのリリースポイントが狭くなり、慣れるのに経験を要するが、慣れてしまえばキャストが正確にコントロールできるようになるほか、ルアー操作も小細工が利き、感度もよく、フッキングパワーも伝えやすい。ただし、食いが渋くてバイトが浅いときは弾くケースがある。

一方、軟らかいとリリースポイントは広くなり、少々タイミングを外してもルアーは飛んでくれる。だが、これがフライ軌道だと強風下で余計なトラブルを起こしかねないので注意が必要だ。とくにトップウォータープラグは操作しやすいと感じるはずだし、バイトが浅いときに弾きにくいのは軟らかいロッドのメリットといえ、掛かったあとも魚が暴れにくいといわれている。ランディング時の不注意によって穂先が折れにくいのも軟らかいロッドのほうといえる。

パワーに関しては、メーカーが異なれば単純な比較はできないが、同メーカーの同シリーズならパワークラスが上がると自重も増える傾向にある。

大型用ロッドはパワーがあるのは間違いない。そうしたロッドで細軸の小バリ

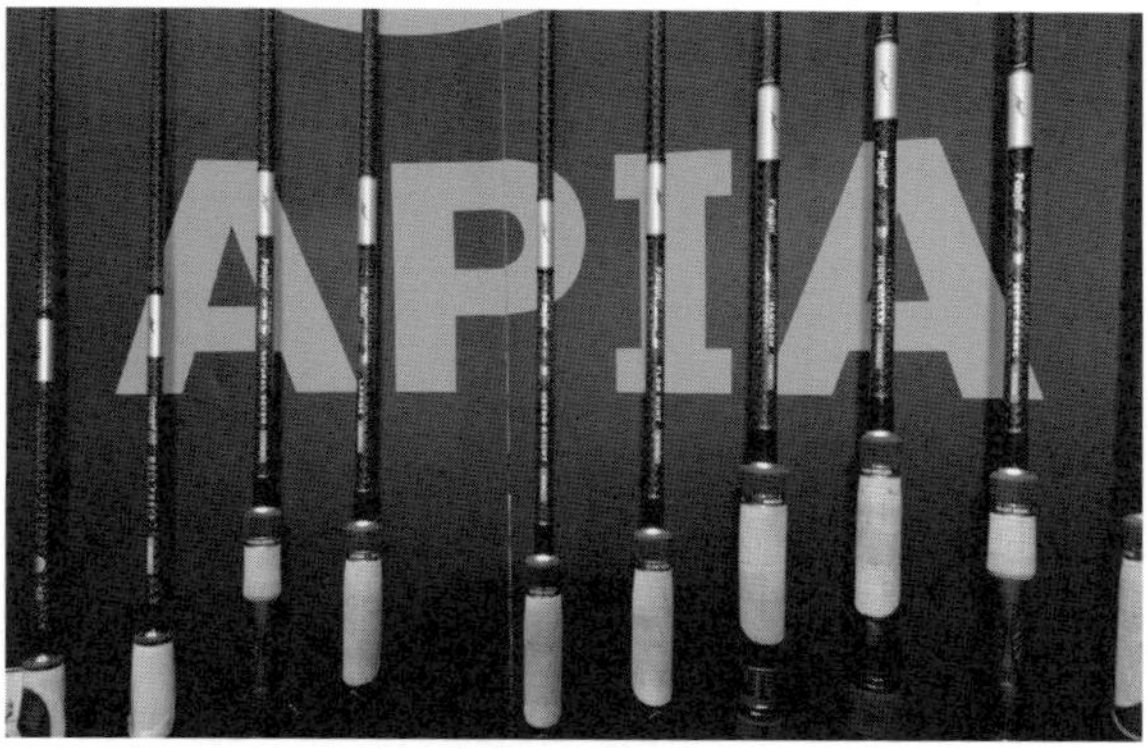

現在はヒラスズキロッドの選択肢も随分増えた。ユーザーにとっては嬉しい

を使うとフックがもたない可能性もある。パワーロッドはフックも大きめで頑丈なタイプのほうが適している。裏返せば小さいルアーは扱いにくい。そんな点からも、自然と想定する大きさはデカくなる。つまり、大は小を兼ねることにはならない。長いロッドや大型を想定したパワーロッドがすべてを兼ねることにはならないし、短めで中型に対応するロッドですべてが事足りるわけでもない。

さらに知っておきたいのは、硬くてパワーがあると扱いはとても難しくなるところだ。腕力も要る。それが長時間続けば釣り人にかかる負担は増す。対大型ロッドの多くは、少しティップが入るくらいの設定が多いのはそのためだ。パワーロッドはどうしても重くなりがちなので、どのくらい歩くかをシミュレートして持参するようにしたい。

1本目は汎用性重視

ヒラスズキ釣りではロッドを立てたり寝かせたり、よく動かす。だから軽いほうがいい。重い10ftよりは軽い11ftのほうが使い勝手はいいはずだ。迷うのは短めで軽いロッドにしてとことん操作性を追求するか、それより少し重くなっても長さは標準から長めにしておき、釣り場への適応性を高めるかである。

その判断は「どんな釣り場にどのくらいの大きさを求めて釣行するか」によって分かれる。これは、ショップでロッドを選ぶときにスタッフからよく聞かれる質問である。

ショップにはいろとりどりのロッドが並び、ロッドメーカーは冒頭で挙げた要素を複合的に注入し、1本のロッドを作り上げている。釣り人の間でかわされる「バランスがいいロッド」とはこれらの要素が絶妙な配分になっているロッドのことである。

購入前はできるだけロッドに触れ、可能ならキャストスイングできるのが理想的だ。

誤解を恐れずに言えば、これからヒラスズキを始めるにあたって最初に手に取る1本は、「中型からやや大型くらいを想定した、できるだけ細くて軽い10ft後半～11ft前半のスピニングロッド」ではないだろうか。

ベイトタックルは総じて大型を視野に入れており、かなりやり込んだ人が取り組むマニアックなスタイルといえる。

そして、やり込めば違うタイプのロッドがほしくなる。それこそベイトロッドだってほしくなるかもしれない。ほしくなるのは、すでに所有しているクラスのハイスペックロッドというよりも、たとえば「産卵絡みの個体が出やすい早春や大型が出やすい場所用」という具合に、明確な用途が見えてくるものだ。

それが典型的なパターンで、そうなるのを見据えても、最初の1本は金額ありきだけではない選び方をしたいものである。フラッグシップでなくても「名竿」と呼ばれる人気のロッドはあり、そうしたロッドならオークションや中古市場に出しても値落ちに落胆することは少ないはずだ。

大手メーカーから工房製、また
ベイトロッドまでヒラスズキ
ロッドにも幅が出てきた

スピニングリール

スピニングリールもベイトリールも使われるが、一般的なのはスピニングのほうである。スピニングリールは使いやすくてライントラブルが少なく、ドラグ性能に優れており、スプール交換が楽にできる。

タイプは、ハンドル一回転の巻き取り量が多いハイギアを選ぶ人が多い。大きさはダイワ製なら3500番、シマノ製なら4000番が標準的な大きさで、PEライン2号が200mほど巻けるラインキャパに最大ドラグ力は7kg以上あるのが望ましい。

だからといってフルドラグで釣ることはなく、実釣でのドラグの設定は、ロッドがフルベンドになったらチリチリとラインが出る、もしくは手前に寄せたヒラスズキが引き波に乗って離れていくときにスムーズにラインが出るくらいである。その締め具合で、およそ2～3kgと思われる。

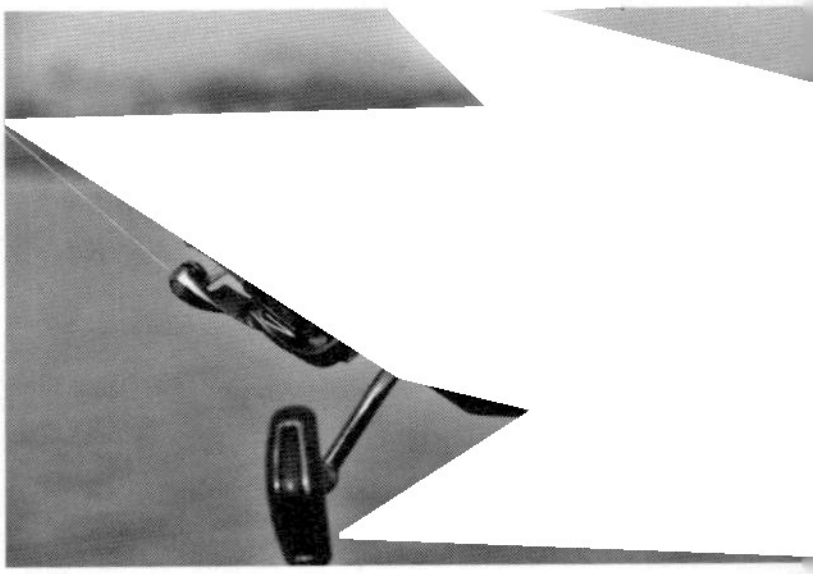
近年の防水性能の向上はこの釣りにとって朗報である

予備スプールを用意しておけば、ライントラブルのときにすみやかに釣りを再開できる。予備スプールに同じ号数のラインを巻くか、それともワンランク違う号数を巻いておくかは各自のスタイルや考え方、時期や釣り場によって決めればよい。

また、こんな選択もある。

最近はリールのボディーとスプールの互換性がよくなっており、ひとつ大きなスプールに交換できるものも多くなってきた。大きなスプールにすると少しとはいえ飛距離の伸びと巻き取り量の向上が期待できる。

ハンドル一回転のベール回転数は変わることはないが、スプール径が大きくなれば円周率も大きくなり、計算上その分だけ巻き付けられるライン量が長くなる。

キャスト時のライン放出についても同様の考え方だ。スピニングリールはラインがくるくるとらせん状に出ていき、小径スプールでのライン放出時と大径スプールでのライン放出では回転数が異なるため、回転数が少なくてすむ大径スプールのほうが抵抗を軽減できるという考え方である。

ベイトリール

ベイトリールは年を追うごとにバックラッシュ低減が図られており、向かい風の中でキャストを繰り返すこの釣りでもストレスなく使えるようになってきた。選ぶときは、まず海水に対応している機種であるのが前提だ。

大きさについては、スピニングリー

ルを決める目安だった「PEライン2号が200mほど巻ける大きさ」で探すとかなりの数が存在し、そもそもベイトリールはラインキャパが多いため、決める際の考え方は、ラインキャパというよりもドラグ力を見ておきたい。最大ドラグ力が7kg以上あるものが望ましく、そのクラスのベイトリールではPEライン4号が200m前後巻けるキャパがある。タイプはハイギアを使う人が多い。

　ベイトリールの特徴はラインを太くできる点も挙げられる。

　よって、別項で紹介したベイトリール＋ナイロンラインの組み合わせのほか、ベイトリール＋太号柄のPEラインにしてもスプール内のラインに食い込むのを防ぐこともできる。別項でも記したが、ラインの食い込みは激しいファイトをしたときに起こりがちである。

　さらに、ベイトリールは重いルアーを投げるのにも向いており、最近はヒラスズキにビッグベイトを使うこともあり、そんな場合に最適である。

　また、親指でスプールの回転にブレーキをかけるサミングができるため、より精度の高いキャストも行ないやすい。

　ベイトリールは巻き取りパワーもあるため、これらを考えるとベイトリールはパワーゲーム向きである。バックラッシュはしにくくなっているとはいえ、向かい風で軽量ルアーを使う状況になると起こしやすくなるため、その面でもストロングなスタイルに向いている。

メンテやチューン

スピニングもベイトも釣行後はしっかり潮の塩分を洗い流しておきたい。その際は、スプールをボディーから取り外し、溜めた水に浸けるのではなく、流水で洗う。洗ったら陰干しで乾かし、乾いたらスプールを取り付けるが、ドラグを締め込まずに保管したい。

　注油に関しては、最近はリールの防水構造が格段に進化し、ダイワ製ならマグシールド、シマノ製ならXプロテクトと呼ばれ、それらが搭載された部位への注油は避けること。メインシャフトだけでなく、ラインローラーやベアリングにも採用されている場合があるので、自分で注油やメンテナンスをする場合は事前に確認しておきたい。

　ヒラスズキ釣りは使用環境がタフなので、できれば定期的にオーバーホールするのがベターだ。メーカーやプロショップに出して特製のベアリングに交換したり、注油やチューニングをオーダーすれば回転性能が向上し、飛距離の点でも巻き取りの点でも心地よい使用感が得られるのでおすすめだ。

ベイトリールはパワーのみならずピンポイントにルアーを着水させられる小技も利く

レイヤリングの基礎知識

薄く重ねる

ヒラスズキ釣りのレイヤリングは、登山のそれに通じるところがある。

冬期、とくに2月前後の厳寒期はウエアの重ね着をどうするか悩むところ。ライフジャケットに必要なギアや飲み物を収納もしくはつり下げるとそこそこの重量になり、それを着用して磯を歩くのが前提で、加えて釣り場までの山道や未舗装の坂道の往復が多いので、ヒラスズキ釣りは基本的に着込まなくてよく、たとえば真冬のヘラブナ釣りと比べればかなりの薄着といえる。

オーソドックスなレイヤリングは、「アンダーウエア＋インナー＋アウター」という3枚構成だが、人によって、あるいはウエアの品質によっては一、二枚多くなっても構わない。最近ではアンダーウエアに厚手のコンプレッションウエアを選ぶ人も多い。

コンプレッションウエアは上半身用、下半身用のほかに短パンスタイルの腰から太ももまでのタイプやふくらはぎ用などがあり、とくに下半身用を着用していると長歩きするこの釣りには疲労を軽減できていいようだ。

もうひとつの基本は、分厚いもので温かくするのではなく、薄いものを重ね着するところだ。ただし、すぐに暑くなって汗を噴き出すような重ね着は避けたほうがベター。暑さにたまらなくなって釣り場で脱ぐと、それが荷物になってしまうだけでなく、汗をかきすぎると冬期でもより多くの飲み物が必要なうえ、汗がひくと逆に体温を下げてしまい、今度は寒くなったり風邪をひいたりする。よって、できるだけ脱がずにすむように、脱いだとしても薄くてかさばらないものにしたい。

そうした観点でウエアを考えると、アンダーウエアには「ヒート……」といった最近人気の体温保持に優れたものが合っており、インナーは裏起毛のフリース、アウターは透湿撥水のレインウエアが適している。寒がりの人はアンダーウエアやインナーを厚手のものにしたり、レインウエアに裏地がある秋冬用のものにすればよく、さらに首周りを保温することで寒気を抑えられる。

最近は手首を温めるカイロも発売されており、手首を保温することで手先が利きやすくなったりする。雪が舞うような寒さのなかでヒラスズキを釣り、手が濡れて風にさらされてしまうと思うように指が動かなくなるが、手首を温めておけばこれを緩和できるだけでなく、首同様に寒気も抑えられる。

頭部はキャップよりもニット系の帽子が温かく、風に飛ばされにくいのでおすすめだが、キャップ・オン・ニットの二個使いを好む人もいる。

なお、ウエアの素材は綿以外のポリエ

晩春や初夏はこうした軽装でよいが、速乾性に
優れた長袖、長丈のウエアが基本

レインウエアをアウターとして着てもよい

温かさをウリにした下着にフリース、透湿撥水の上着の組み合わせが秋から冬の基本パターン。あとは本人の感覚によって調整すればよい。ただし、ベースレイヤー（下着にあたるウエア）はとても大切で、速乾性に優れているほうがよい

冬期のアウターは裏地がついているほうが無難。ただし、中綿入りは本人の感覚によるところが大きいものの、ないほうが汗はかきにくく、動きやすくもある

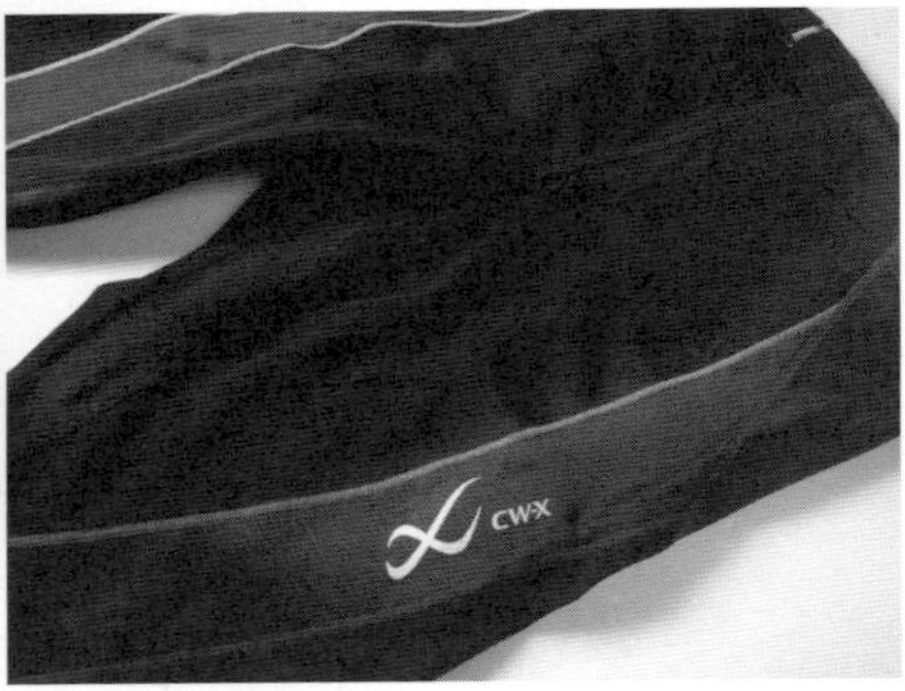

疲労を抑えられるコンプレッションウエアを釣りに取り入れる人が増えている

ふくらはぎ用のコンプレッションウエア。これだけでも随分違うという

フリースは裏起毛のあるタイプが温かくてオススメ

ステル、アクリル、レーヨン、ポリウレタン、ウールなどがよく、山登りでは「ウエアはもはや化繊やメリノウールが常識」になっている。綿は燃えにくいが、速乾性が化繊に比べて遅いからだ。

　ちなみにフリースの主原料はポリエステルで、多くのフリースは100%使われており、一部の高価なブランドには数%別の化繊が使用されたものもある。

暑い時期

　水温が上がり、温暖な気候になってからのほうが実は要注意であったりする。服装は楽でいい気がするが、気を抜けない。暑いと汗をかき、水分補給が不可欠になる。人目に触れにくい場所へ行くヒラスズキ釣行において、夏期の水分補給はしくじるとちょっとした極限状況を招きかねず、生死に関わるといっても大袈裟ではない。

　汗をかいて水分補給しないと血液の濃度が上がり（俗にいうドロドロの状態でへモグロビン値が上昇）、普段から高血圧な人は血管への負担が平時よりも上がり、最悪の場合は血管障害を起こして梗塞疾病といった不測の事態を招きかねない。磯で手足が不自由になったり、心臓に負担がかかると極めて深刻である。

　発汗しないよう、なるべく涼しいスタイルがこの時期の定番だが、基本は長袖と長ズボンで素肌を露出しないことである。虫刺され、やぶこぎ、岩礁やカキ殻など、素肌でいないほうがいいものが山や磯にはたくさんある。素肌の状態でこけたとして、そこにカキ殻などがあって傷口から細菌が入った場合は蜂窩織炎（ほうかしきえん）などやっかいなケガになってしまう可能性がある。

　コンプレッションウエアや薄手でピタッとフィットするUVウエアは着用して風が当たると涼しいので、欠かせないアイテムである。

　また、夏期でも綿以外の素材を使ったシャツやパンツがよい。

　昨今多くなっているスタイルは、上半身が長袖のコンプレッションウエアやUVウエアやラッシュガードにポリエステルのTシャツで、下半身もコンプレッションウエアやUVウエアや登山用のスパッツに海水パンツもしくはそれに似た素材の短パンである。たしかにこれは軽快だが、安全面を考慮すると長袖シャツに撥水素材の長ズボンや磯歩き向けに作られた厚手のスパッツやレギンスほうが安心ではある。熱射病や熱中症を予防するためにキャップもマストだ。

厳寒期は手首に巻けるタイプのカイロが有効

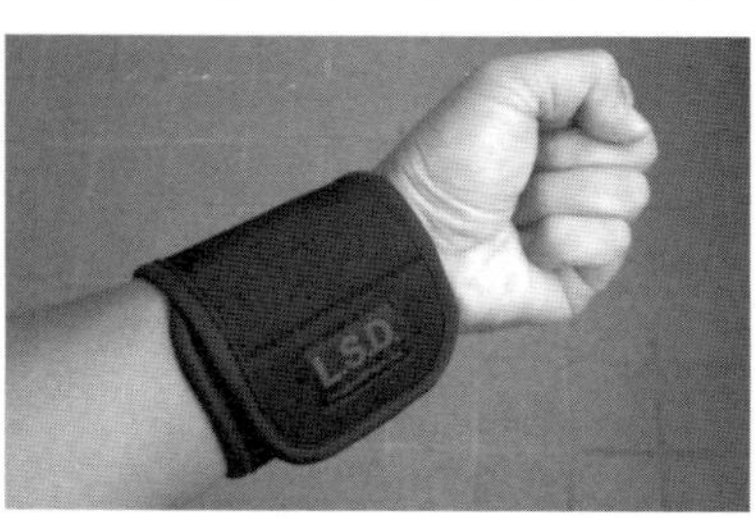

手首に巻くタイプのカイロを着用したところ

ウエットスーツやアユタイツ

行動域の拡大

ヒラスズキ釣りでは、安全がなにより優先されるべきなので濡れずに釣るのが原則だが、平磯のシャローエリアではヒザ丈ほどの浅い一帯の先にヒラスズキのポイントがあることもしばしばである。そんな場所では、身体にピタッとフィットして水の中でも動きやすいウエットスーツやアユタイツが重宝する。

通常のズボンでもヒザ下を海に浸しながら進めなくはないが、下着は濡れ、ズボンが乾くのも遅く、乾いた磯に出ても不快な時間が続く。その点ウエットスーツやアユタイツであれば1～5㎜のクロロプレーンやネオプレーンが使われており、水抜けもよく、保温性も高い。

ヒラスズキ愛好者のスタイル例。ムダな装備を排して動きやすくしている

ウエットスーツに短パンスタイルは水に浸かったところでも歩きやすいし、濡れたあとも比較的に温かい

ちなみに、ウエットスーツは文字どおりウエット（湿式）、つまり中が濡れるタイプで、アユタイツの中にはウエットタイプのほか、中が濡れないドライタイプもある。ドライタイプの場合はソックスタイプを選び、磯靴を履くのがベターだ。靴が一体化されたドライタイプならピンフェルトの靴底のものを選びたい。

これらを使用する場合、下にアンダーウエアや海水パンツを履くのがよい。一枚でも履いていると、それだけで体温保持の助けとなる。

経験豊富なアングラーは、安全であることを充分に確認したうえで腰高やそれよりも少し深いところを移動して、その先にある大きな岩場に進んだりする。

しかし、ウエットスーツやアユタイツは、あくまで安全に移動し、快適に釣るための手段であり、率先して海に浸かるためのアイテムではない。そもそも、浅いといっても腰高の水深があればヒラスズキのポイントになる可能性もあるため、不用意に浸かるのは避けるべきである。慣れた人はそのことを認識したうえで行動している。

クイックタイツやスリムウエーダーも同類のアイテムと考えてよい。

ウエーダー

ウエーディングにあらず

ウエーダーは本来ウエーディングするためのものだが、ヒラスズキ釣りでは使途が異なっている。もしヒラスズキでウエーディングすれば、自ら寿命を縮めるに等しい。

ウエットスーツやアユタイツが「浅い水域を歩行するためにある」とすれば、ウエーダーは「水たまりを越えたり、釣っている最中の飛沫で濡れないため」くらいの感覚である。

浅い水域を遠くまで歩くのはあまり想定しないほうがよい。「ズボンだと、たとえ水たまりを越えるにしても濡れてしまい、いったん濡れると乾くまでに時間を費やすからウエーダーにする」くらいのつもりで使用すれば、無理な行動にはつながらないだろう。

ウエーダーはさまざまなタイプがあるが、値段と質が明確に比例する商品と言える。

歩きやすさではソックスタイプのウエーダーに磯シューズの組み合わせがよい

手頃なものは数千円であるが、購入するなら透湿素材を使った蒸れないタイプが断然おすすめだ。廉価版はたしかに安さが魅力だが、温暖な季節だと履いて間もなくすれば下半身が汗をかき始める。熱がこもるため当然の現象だが、暑さはやがて額や背中に及ぶ。冬だと外気と内側の温度差で内部が結露する。

それに、そうしたタイプのウエーダーはブーツと一体型になったものがほとんどで、磯歩きには向かない。たしかに、磯といってもさまざまで歩きやすい磯もあるが、一体型は総じてくるぶしが動きにくく、それでいてブーツ内部では足が遊んでいたりするため、踏んだ岩がグラッと動いたりすると転倒の可能性もある。要は長靴のロングバージョンを履いて磯を歩くようなものである。なので、ウエーダーを使うならソックスタイプにし、磯靴もしくはピンフェルトタイプのウエーディングシューズを合わせるようにしたい。

ソックスタイプでも各社からさまざまなタイプがリリースされているので選択肢が多いところがよい。ちょっとしたほころびやピンホールができてもリペア商品も充実している。

もっとも、だからといってなるべく穴を空けない動きをしておきたい。周囲がゴツゴツした岩だらけなので、岩に腰掛けたり、ヤブ漕ぎをするときは注意を払いたい。

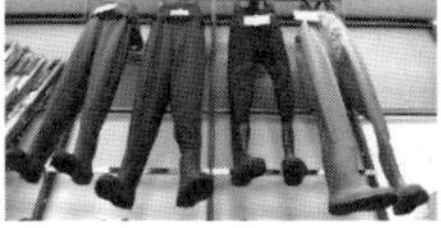

ウエーダーにもブーツ一体型や生地の厚さ、ナイロンやネオプレーンなどさまざまなタイプがあるが、ネオプレーンタイプはやや動きにくくなる

ウエーダーの保守用品。ウエーダーはサスペンダーのゴムが伸びると使いづらくなるため、干すときに使わないほうがよい

シューズはケチらない

安全は足元から

磯を歩き、ときに濡れた斜面を登ったり、落ち葉の上を歩いたり、さまざまな地面を踏みしめる。ヒラスズキの安全は足元からと言ってよいほど、足元を万全の状態にしておくのは鉄則だ。

「ケチらない」が意味するところは、高価な靴以外認めないというのではなく、リーズナブルな靴でもよいから、「靴底がすり減ったらまめに買い替えておきたい」という意味である。また、靴底だけでなく、甲側もほころんできたら買い替えどきである。穴が開いて足の指が見えるようになったら、その靴は任期満了と考えたい。茂みの中を歩く場合もあるので、足とはいえ、肌は保護しておきたい。

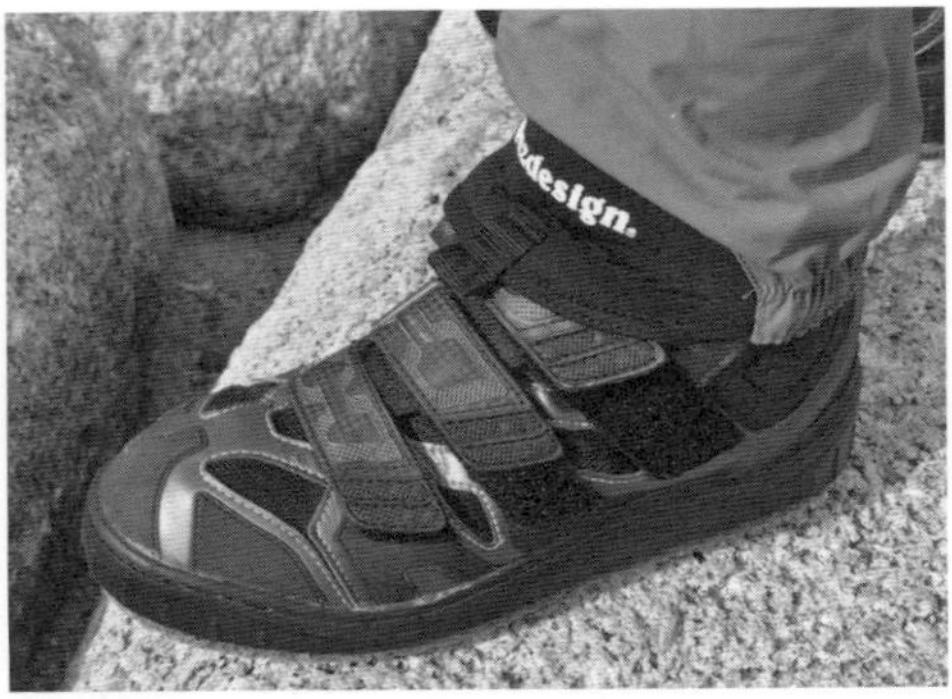

靴は命と直結していると言っても過言ではないため、ケチらないでいたい

リーズナブルな靴を選んだ場合、小さな岩や凹凸の激しい岩を踏んだときに痛くて靴底の薄さを感じるものもあるため、温かい季節でも中に履くソックスは厚手にしていたほうが無難ではある。

おろしたてのシューズだとピンが立っていて、硬い岩の上だと滑る場合がある。理想はピンだけでなく、フェルト部分も地面に接地した状態だ。その意味ではピンが少し減ったくらいがもっともグリップ力を発揮する。

滑らない靴を履くこと。これが鉄則であり、前提

ウエットスーツやアユタイツ、ウエーダーを使用するときもピンフェルトの磯靴を合わせるのがベター。沢登り用などの登山靴に用いられるソールの中には大気中に露出した岩にへばりつくコケの上だと滑りやすいものがあるので注意したい。

どの価格帯を選ぶかは人それぞれだが、透湿撥水生地を使用したハイクラスのものは少々の水しぶきがかかったくらいでは内部に水がしみ込んでくることはなく、保温力があって冬でも足が冷えにくい。

さらに、フィッティングがダイヤル式のワイヤー締め込みタイプになっているものも多く、これだと脱ぎ履きが楽なうえに締め込み加減の微調整が利く。

ただし、アングラーの中には「渡船での沖磯釣行ならともかく、万が一地磯でワイヤーが切れたら厄介」だと考えて「あくまでヒモ靴にこだわる」人もいる。

ワイヤーにしろ靴ヒモにしろ、靴もまた釣行後の塩抜きなどの手入れや経年劣化によって寿命が変わってくるところであるため、どれが絶対安心とは言い切れない。ワイヤー式も靴ヒモもマジックテープの人もいるのが実情だ。ただし、使ったあとにほったらかしにしたまま、「まだ履けるから」とずっと履き続けるのはやめたい。

ときにジャンプ、ときに急勾配、ときに赤土……とさまざまな地面を踏むのがこの釣りだ

大事なのは、「靴は消耗品で、命に関係するアイテム」であることを忘れず、年季の入った靴は車横づけの釣りものなどに切り替え、新品にバトンタッチすべきである。

最後に、新品でも使わずに放置していた靴は靴底の接着剤がはく離しやすくなっている場合がある。登山靴でも同様の事例が珍しくなく、新しいからと安心して出かけたら山行途中で靴底がはがれた、ということが起こっている。使う前に一度大丈夫かを確認したうえで磯で履くようにしたい。

靴も濡れたあとは潮抜きしてしっかり乾かしたい。放置していると劣化は早くなる

ライジャケに入れるもの

必需品は手の届くところ

身体を浮かせるという本来の機能に特化して、ポケットを設けていないライフジャケットがあるのはヒラスズキ釣りならではで、このタイプはかさばるところがないのでとても動きやすく、収納はショルダーバッグやウエストバッグにして役割の分化を図っている。

もちろん、ポケット付きの一般的なゲームベストもよく使われている。

ゲームベストには、ポケットに厚みを持たせて深めのルアーケースを入れられるものや生地が薄くて軽いもの、キャスティングしやすいように肩周りの開口を広くデザインしているもの、腰への負担を軽減させるためにコルセットのようにホールドできるベルト付きのものなど、さまざまなタイプがある。

いずれにしても、ときに飛沫が降ってくる水際では必要なものをすぐに取り出せることが大切で、前面のポケットやバッグに入れるのはフロントラインで使うものに限定しておき、予備の携行品はゲームベストの背面やリュックサックにしまっておくのが賢明である。

前面のポケットやバッグへの収納品、脇につり下げてすぐに手にできるようにしておいたほうがいいものを挙げると次のとおりになる。

・交換用のルアー
・リーダー
・ラインカッター
・リングオープナー兼プライヤー
・リング類
・替えのフック
・ターボライター
・偏光グラス
・釣るときのグローブ
・行動食
・飲み物
・フィッシュグリップ
・ランディングツール

つまり、「サオとリールのほかに、これだけあれば釣りが続行できる状態」にしておく。転々と釣り座を移しながら釣っていくため、必要な道具が手元にないと釣り座を離れて元の場所まで取りに行かねばならず、面倒だし時間のロスにもなる。かといってそうそう出番のないものまで身につけるのはかさばるし重くもなる。

リーダーを結び替えるときはいったん水際から離れたほうが安全なため、リーダーは背面のポケットにしまっておいてもよさそうだが、その都度脱ぐのは面倒である。

また、最近はプライヤーにラインカッターが搭載されているが、小さなラインカッターをポケットにしまわずに外付けにしておくと便利がよい。ラインを少しだけカットするのに一回一回ポケットからプライヤーを取り出す手間が省ける。

ポケットを排して命を守ることに特化したジャケット。道具は別に携行する。ムダをそぎ落とす必要があるため、エキスパートスタイルといえる

ライフジャケットにもいろいろある。ポケットに厚みがあると深底のルアーケースが入れられる

必要な道具だけ入れてもライフジャケットの重量はそこそこになる。重すぎると歩行に影響が出ることを覚えておきたい

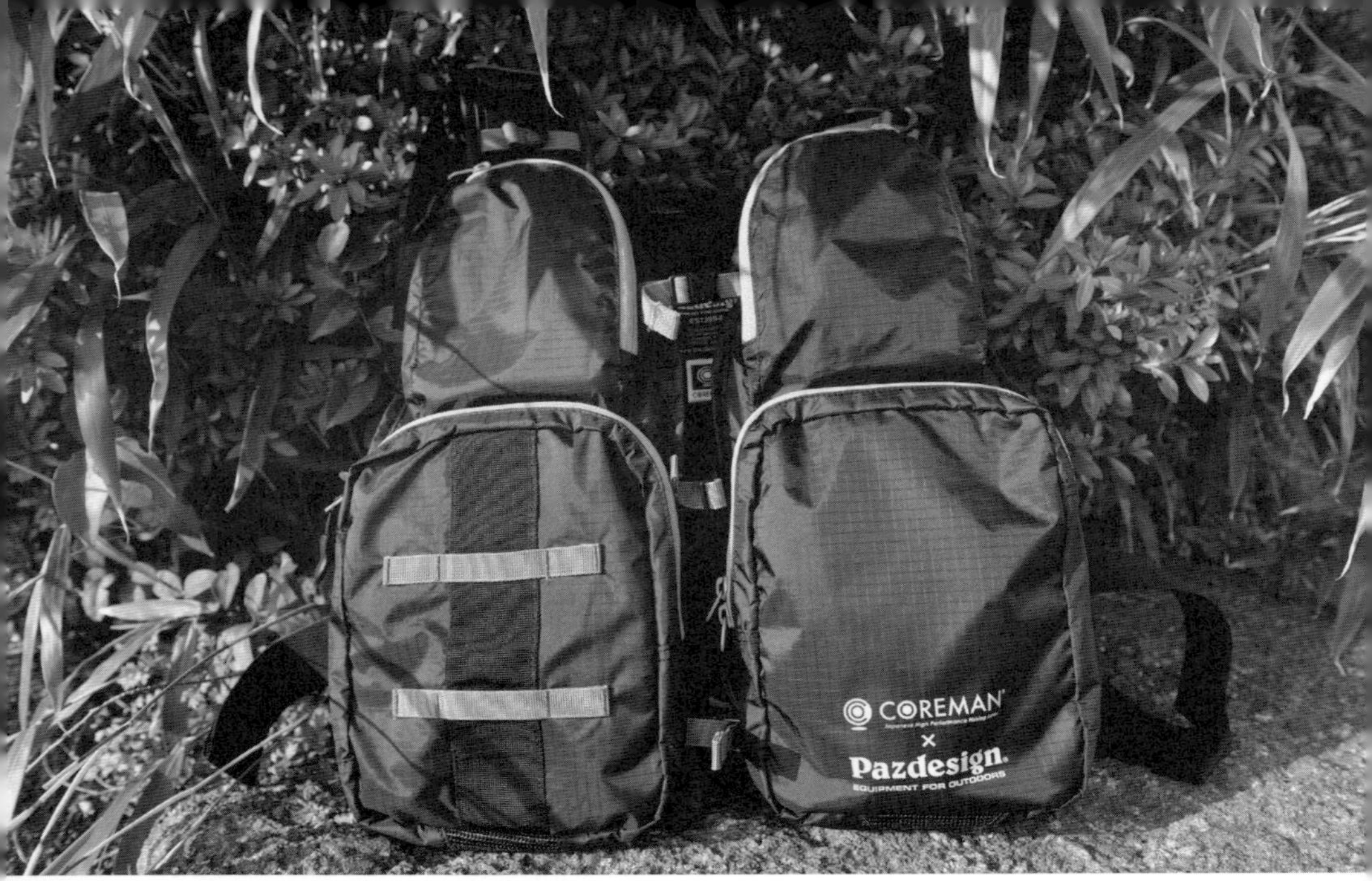

生地の薄い軽量化が図られたライフジャケットもあり、
これも歩く釣りにはよさそうだ

ラインカッターなどをつなぐピンオンリールにはコードタイプとマグネットタイプがある

ライターは忘れがちな小物のひとつ。そして忘れるとショックが大きい。ターボライターがおすすめで今は100均でも買える

ラインを切る道具にもいろいろあり、プライヤーと兼用もあるが、小さなラインカッターも携行するとなにかと便利がよい

ノットを組み替えるときは、ライン
カッターのほかにライターもすぐに
取り出せるようにしておきたい

必要なものだけをライフジャケットに入れ、釣り座での
使用頻度が低いものはバックパックなどに仕舞っておく

必要最小限の携行品

スペースにも余裕を

釣り座に立って実釣する際に必要になる道具は、ライフジャケットの前面ポケットもしくはバッグ、ウエアのポケットに入れ、「釣行に持参したほうがよいもの」はライフジャケットの背面ポケットやリュックにしまっておく。

持参したほうがよいものは左記のとおりで、いずれも必要だが、とくに忘れがちで忘れると少々テンションが落ちるのは、「磯を歩くためのグローブ」だ。

この釣りでは、釣り場に出るまでにロープや枝を掴んだり、ヤブ漕ぎをすることも多く、磯には自生の茨も多いので、釣り用のグローブをそのまま使って破れてしまうと釣りに影響する。磯歩きにはホームセンターで売っている安価な現場作業用のグローブが重宝する。これだけはウエアのポケットにしまっておき、サッと取り出せるようにしておくと便利である。

さらに、釣り場に降りるときの山道ではクモの巣も多いので、細長い小枝を拾っておくと巣をはらいながら進める。

釣行に持参すべきものは次のとおりだ。

・補充用（スペア）のルアー
・食料、飲み物
・替えスプール
・備えのウエア
・デジカメ
・スマホ
・車の鍵
・財布
・魚を持ち帰るなら厚手のビニール
・キャップライト
・目薬や常服薬
・日焼け止めやめがね拭き
・ティッシュペーパー

リュックを使うなら登山用で構わないが、水に濡れても内部への浸水が防げるターポリンバッグもよい。容量は20ℓ前後が目安で、大きいものは釣り場の道中、とくにやぶこぎや木立を抜けて歩くときに邪魔になるので考慮しておきたい。

魚を持ち帰るなら、背負った状態で持ち運べるリュック式の専用キャリアもあるほか、魚を厚手のビニールに入れ、それをリュックで運ぶ手もある。

あとは考え方次第で、ロープやストリンガー、応急処置用の三角巾や消毒薬、靴底のトラブル対策として瞬間接着剤などが挙げられるが、いずれにしてもリュックは満杯になるまで荷物を詰め込むのではなく、必要最小限で釣行するのが原則で、充分な空きスペースを作っておくと脱ぎ着した衣類を入れられるほか、魚も持ち帰れる。

最後に、ティッシュペーパーも必携品だ。大自然の開放感に包まれたあとにこれがないと気分はシケを呼ぶ空以上にブルーになる。ないと本当に困るから、これは予備も含めて多めにあってよい。

ヒラスズキの道は実にさまざま。
トレイル感覚に近い

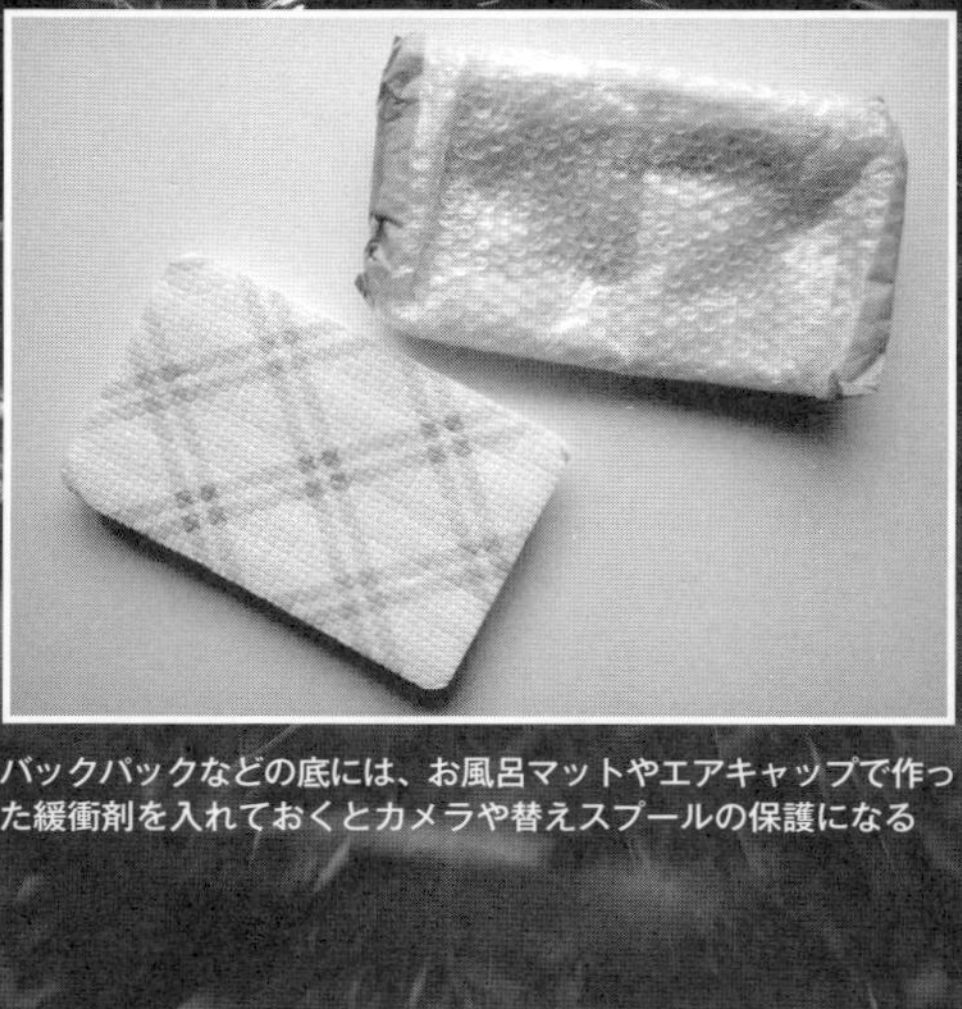

バックパックなどの底には、お風呂マットやエアキャップで作った緩衝剤を入れておくとカメラや替えスプールの保護になる

ターポリン式のバッグは中が濡れずにこの釣り向き

必要なものを携えて釣り場へ向かう

濡れると困るものはこうして防水対策をしておく

バックパックは20ℓ前後が使いやすい

釣るときのグローブは釣り用で、好みによって全部カバーするものと指先が出せるものを選べばよい

歩行用のグローブはホームセンターのものでよい

もっとも忘れがちで、忘れるとかなり響くのがティッシュ

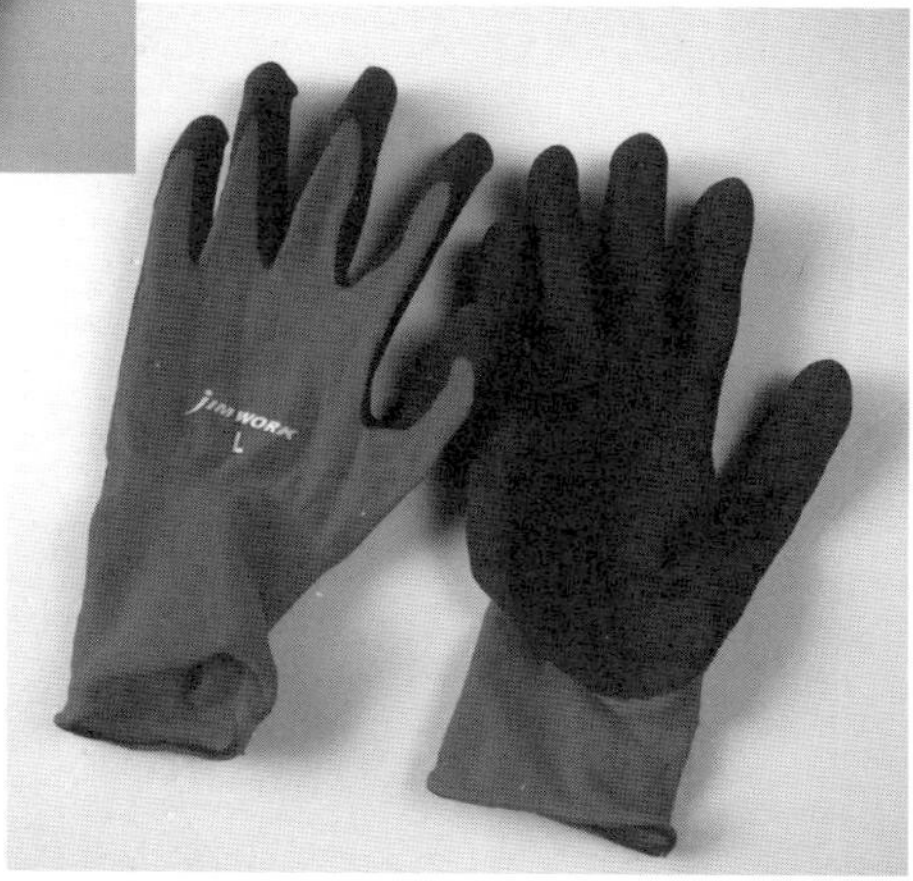

荷物をバックパックに分散するにしても満杯にしないこと

食料等について

基本は行動食

こと釣り場が地磯だと、飲食は人体を活動的に維持するためのエネルギーと水分の補給という感じになり、「ほら、自分って食事でも自然を満喫するタイプじゃん」的なアウトドアによくある世界観とはかけ離れる。ヒラスズキ釣りの食事のあり方は、むしろマラソンや登山の縦走に近いものがある。

しっかり休憩を取ることは大切だが、手早く口にできるのも大事である。荷物をなるべく増やさないという観点からも、湯を沸かしてカップラーメンを食べるといった食事は小さな沖磯への瀬渡し船釣行以外はしないほうが無難だ。

釣りを続行しながらのちょっとした隙や移動中に食べることも多いので、小さなパックに分けられたものが便利で、それで塩分や糖分等を補給できるものがよく、さらに腹持ちがよいものがベターだ。

さらに、食べたあとの包装類がかさばらないものがよい。したがって、カラの出る弁当等は避けるほうが賢明である。ただでさえ荷物を少なくしたいので、弁当のカラはゴミの放置にもつながりかねない。

摂取の仕方は、食料も飲料も一度にまとめて摂るのではなく、こまめに摂るほうがよいといわれている。

あとは各自の価値観や嗜好に関わるので断言できないが、カンパンやクラッカーなど、固形物のなかには飲み込みにくいものがあるので、水分がなくても飲み込みやすいほうがよいだろう。その点ではゼリータイプの食料はのどの渇きも潤せて一石二鳥といえる。

磯歩きが長距離に及ぶほど、滞在時間が長くなるほど、帰りに山登りが待っているといったケースなどでは、最後に頑張れるだけの食料と飲料は残しておいたほうがいいため、食べたり飲んだりするペースも考えておきたい。

釣り場に持ち込む食料や飲料を組み合わせるときの理想は、3大栄養素を適度に取り込むことだ。3大栄養素とは「糖質、脂質、タンパク質」で、たしかにこれは長い目で見たときの話であって一日に限ったことではないが、それぞれの栄養素から選んでいくとほどよい感じになってくる。

糖質はご飯やパンなど、いわゆる主食に当たり、赤飯や大福もち、まんじゅうなどがこれに該当する。赤飯や大福もち、おこわといったもち米類は腹持ちもよい。脂質は脂肪や動物油脂、植物油脂であり、肉や魚や乳製品、一部の野菜に含まれており、牛乳が使われたキャラメル、チョコレート、あめがこれに当たる。タンパク質は肉類、卵、魚類、豆類などに多く含まれており、サラミやイリコ、豆菓子がこれに該当する。

十中八九、コンビニやスーパーで購入

してすませるのが釣りの食事だが、災害時用に保存している食料類を回転させるために使ったり、地磯歩きに最高のおにぎりを自分で考案し、アルミホイルにくるんで行くのも楽しいだろうし、現在は宇宙食も購入できる時代なので、「#ヒラスズキに宇宙食」は案外インスタ映えするかもしれない。

夏は氷タオルを

暖かくなり、夏が近づくほどに飲料水は増える。この時期はいうまでもなくスポーツ飲料やミネラルを多く含んだ麦茶が適しており、ペットボトル数本では地磯のロングトレイルは過酷すぎるだろう。水の重さは食料の比ではないため、釣行プランにも考慮しておくべきだ。つまり、一日中釣り場に降りているのではなく、数時間もしくはタイドグラフに応じて一旦磯上がりし、リフレッシュするわけだ。そのときに、クーラーを持参しておき、中に濡れタオルを凍らせたものを用意しておくと顔や首筋を拭いたときに極楽の気分を味わえる。

再び飲み物等を用意したら、次の闘いへレッツゴーだ。

歩きながら手軽に食べられるものがよい。また、糖分や塩分を補給できる食べ物が合っている

波高について

風速と波高

　大気は気圧の高いほうから低いほうへ流れる。それが風となる。春夏秋冬すべからくというわけではないが、サラシを生むだけの風がこの釣りには必要で、愛好者はよく天気図を見ている。天気図には高気圧や低気圧の位置と等圧線の分布が記されており、等圧線の間隔が狭いと風は強くなる。

　天気予報では日本を北から北海道、東北、関東、北陸、東海、関西、中国、四国、九州、沖縄のブロックに分けて表現することが多く、自分の住むブロックに等圧線が一本かかっていれば、ある程度強い風が吹くことが予想される。これが二本になるとかなりの風と思ってよい。

　この釣りが秋から春にかけて好シーズンを迎える背景には、西高東低という強い風を生み出す冬型の気圧配置が関係している。強風は、いうまでもなく波の高さをともなう。

　経験豊富なアングラーは、「風速8〜12m」、「波高2・5mのち2m」や「1・5mのち2・5〜3m」あたりを目安にしており、それ以上になると「荒れすぎで磯ならどこでもいいとはならない」と捉える人が多い。

　そして、釣行日を中心にその前後の推移をくどいほど確認している。

　要は、釣行日の前がどんなで、釣行日の後がどうなっていくかをチェックして当日の様子を占うわけだ。

〈釣行前がシケ続きであった場合、次のことが想定できる〉

一、釣行日が凪いだとしても釣り場にサラシが残っているのは期待できるが、凪の度合いによっては朝マヅメ絡みの短時間で終わる可能性がある。

一、釣行日も引き続き風が強いと荒れ具合がひどくなる可能性が高く、充分なサラシは期待できるものの、危険の度合いを釣行日の後の予報から推測する。釣行日の後も強風、あるいはさらに強く吹く場合は釣行の断

釣行日とその前後を考慮してシケパターンを整理する

	前日	釣行日	翌日	備考
1	凪 →	凪 →	凪 →	釣りがとても成立しにくい
2	凪 →	凪 →	シケ →	1日の後半にわずかな時合がくるか
3	凪 →	シケ →	凪 →	少ないチャンスをどうものにするか
4	凪 →	シケ →	シケ →	ポイントを見極めてピン撃ち中心か
5	シケ →	凪 →	凪 →	前日のシケ具合だが、前半勝負か
6	シケ →	凪 →	シケ →	前半と後半で釣り場を変えるが吉か
7	シケ →	シケ →	凪 →	いい日になる可能性が高い
8	シケ →	シケ →	シケ →	ほどほどのシケ具合なら最高

※安全を最優先する。太平洋岸は大ウネリに要注意、日本海岸は干満の少なさを考慮する

くどいほど天気図を確認するのはこの釣りの前提といえる

念も視野に入れる。逆に、釣行日の後が凪ぐのであれば、釣行日の波高や風速のレベルから判断する。
前がシケ続きで釣行日の波高が3ｍ以上は釣り場が非常に限られ、４ｍになるとできる釣り場はないと考えたほうが無難である。それどころか、地形によっては釣行日が凪であっても太ったウネリが残っていて釣り場にさえ立てないこともある。

〈釣行前が凪であった場合、次のことが想定される〉

一、釣行日も凪ならかなり厳しい釣りになり、翌日も凪なら「行ってもロケハン」か「釣行を見合わせるもしくは釣りモノを変える」ことが選択肢に浮上する。

一、釣行日がシケ予報なら釣行当日の後半戦にチャンスありと考え、始動をゆっくりにする手もある。問題はどの程度シケるかで、「2ｍどまり」だとサラシがもの足りず厳しい釣りになると考えられ、一気に4ｍ以上となっている場合は台風並みの風と考えてよく、釣行の断念を検討すべきである。

　そのほか、エリアの特性も知っておきたい。

　太平洋岸は大きなウネリが来るし、ヒラスズキ釣り場は北東～西に面した釣り場が多く、北や北西向きは離島や沖磯を除き、少ない。

　逆に日本海岸は東～西に面した釣り場が多く、南東から南西向きの釣り場は少ない。

　九州は一円海なので東西南北可能性があり、風向きに応じてどこかしらいいエリアが出てくる。もっとも、九州も広いので北から南へサッと移動できるわけではない。

　九州の多くのアングラーは九州北部と南九州に分けて釣り場を考えることが多く、二分した形で考えると、北部は北東～北西風がよく、南九州は東～北西風がよい。

風向き

波高や風速に加えて気にしておきたいのが風向である。

どんなに風が強くても、風が当たっていない場所は釣りにならない。風を気にしておきながら風の当たる場所に行くのはトンチンカンだが、目安に置いている風速や波高でも向きによってはサラシが不充分である場合も出てくる。

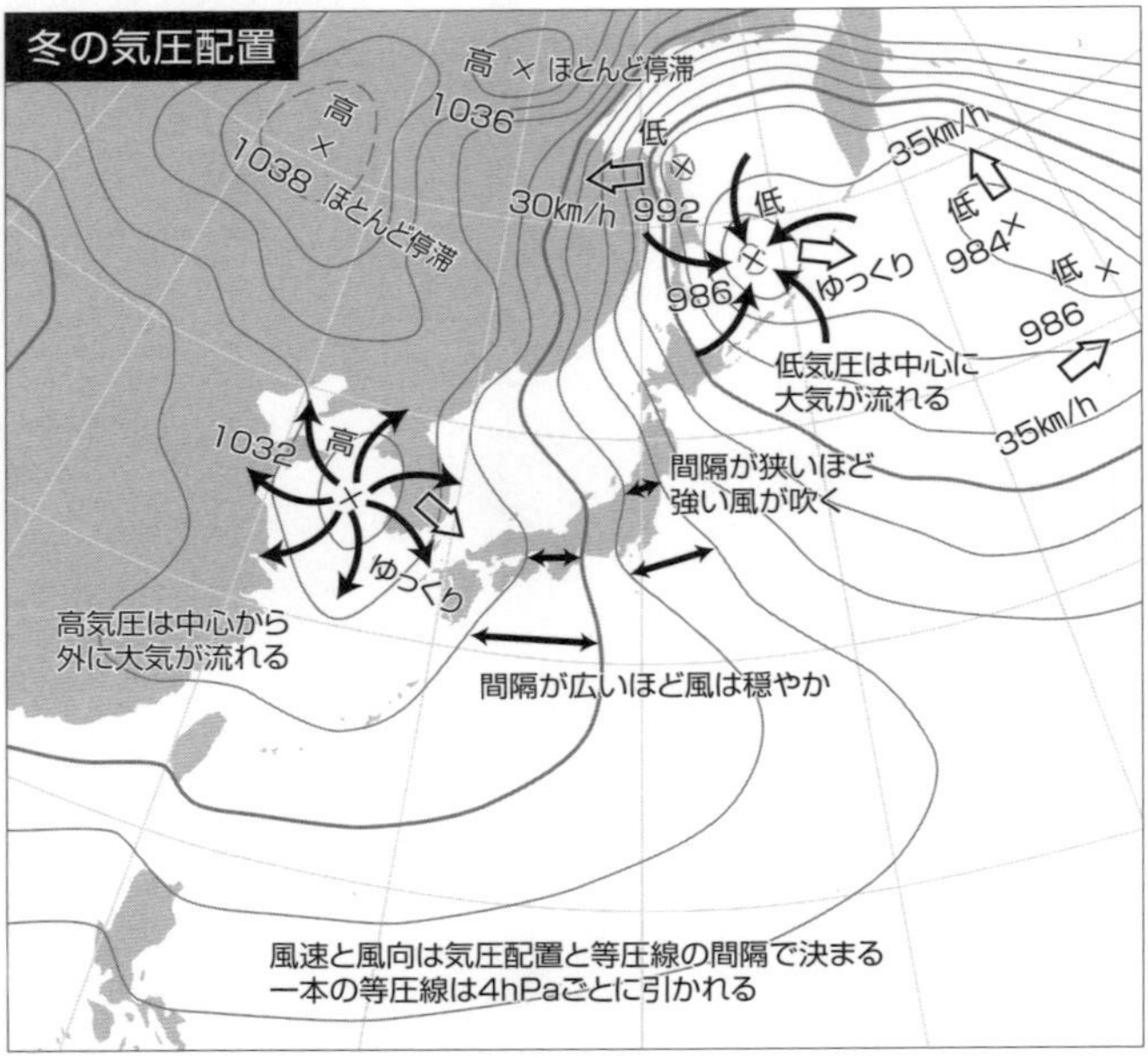

したがって、風が正面から当たるのが原則である。北なら北、南なら南から風が当たる釣り場を考えたい。

さらに、風が強くて波が高い予報でも、それが遮られる地形にある釣り場だとサラシが広がるだけのシケになるまでに時間がかかってしまう。遮る地形とは陸地である。海の向こうに対岸の半島や本土があると、それが風を受けてブロックしてしまう。

よって、隔てるものがない場所に予報どおりの風が当たるのが好ましい。隔てるものがなければ風が目減りすることなく当たるほか、時間を追うごとにウネリが太ることが期待される。

ひとつの参考になるのは、自分が釣りに行こうと考えている釣り場や同じ向きに面している似たロケーションの定期船の運行状況である。

フェリーなどの運航者は、釣り人以上に海況をシビアに見ている。一便は出たが二便は欠航という場合はシケがひどくなり、一便は欠航したが二便は出るというならシケは収まる方向にあると目安にできる。

海は千差万別

シケおよびサラシ、そして安全値は、ここで記したとおり、風速や波高や風向に加えて釣り場のロケーションや釣り場自体の地形、潮位や上げ下げのタイドグラフによってさまざま変化し、まさに千変万化である。

前日にかなりシケていても、広大なシャローフラットでは翌日に凪ぐとみるみるうちに海が穏やかになる。また、広大なシャローフラットでなくても釣り場によっては翌日の風が前日と反対になり、ウネリや風波をどんどん打ち消してしまうこともある。

逆に、凪ぐ場合と一転して、場所によっては上げ下げで変わる潮流と風向きが逆行し、ぶつかり合う形になってすぐにシケに発展する場合もある。俗にいう「潮と風がケンカした状態」だが、このときは不意に大きなウネリが釣り場に押し寄せる場合があるため要注意だ。

こうした事例をひとつでも多く知っておくほうがいいが、それは海に対して謙虚な姿勢で場数を踏まなければ経験値にならない。

よって、ヒラスズキ釣りのスキルを一歩ずつ上げていくためにはホームグラウンドを設けることが大切だ。ホームグラウンドを決めてしまえば、ロケーションと釣り場の地形、おおよその潮位が固定できるため、ほかの変化や現象を学びやすい。そこで充分に経験が蓄積されれば、「この条件なら明日が最高」というのが見えるようになる。それだけでなく、その後ほかの場所にも応用できるようになる。

条件的に最高なのは、「波長の長いウネリだけが残っていて、釣り場にしっかりとサラシを広げ、空は晴天で陽射しが心地よく、風は穏やかでキャストも決めやすい日」だが、そうそう巡り会わない。

だからこそ安全を最優先しつつ体験を積み、知恵をつけたい。

気圧配置や等圧線のかかり方で風向や風速が決まる。これが釣果にも影響する

かなりシケた状態

風が弱まり、シケが落ち着く状況で探る釣り人

ジグヘッド＋ワーム

たまに使うと新鮮

ヒラスズキといえばハードルアー、プラッギングのイメージだが、ジグヘッド＋ワームの組み合わせでもヒットする。「軟らかい食感でプルプルとしてナチュラルな波動」というワームのよさはヒラスズキにも通用し、寒い時期でも暑い時期でもシーズン問わず反応する。

荒磯で、しかもサラシという隠れ蓑があるなかにワームを入れれば高確率でヒットするだろうという見方があるのはたしかで、キャッチしたときも達成感や充実感、こみ上げてくる感動というのはプラグに比べて薄いというのが多くの人の感想である。

なので、ヒラスズキを絞り込むためのルアーローテーションの一角というよりは、目先を変えて楽しむときに適したルアーというのが現時点でのワームの位置づけだ。

ジグヘッドは超軽量タイプから30gを超すヘビーウエイトタイプまで幅広く揃っており、磯のみならず、漁港やサーフなどのさまざまなロケーションと昼夜のシチュエーションに合わせせられる。中でもトレブルフック付きのヒラメ用のジグヘッド＋ワームは使いやすい。

ただし、重くてもワームの空気抵抗や飛行姿勢などから同サイズのバイブレーションと比べれば飛距離は落ちてしまうので、中間距離から手前近くが守備範囲といえる。

ヒラメ用に開発されたジグヘッドとワームもヒラスズキ釣りに流用可能。また、ダートを重視してシャッドテールのテールを取って使う人もいる

投げて巻くだけでよく、アクションにはそこまで気を使わなくてよいのがジグヘッド＋ワームの特徴

サラシが薄い状況ではジグヘッド＋ワームの選択肢もあり

第3の扉

四季によって変化する
習性とフィールドの違い

春のヒラスズキの状態

産卵後の絶好機

春は、総論として冬期に迎えた産卵が一段落し、ヒラスズキが活発にエサを食う絶好のシーズンといえる。なかにはまだ産卵組も紛れているが、それ自体は少なく、釣れるヒラスズキのほとんどはいわゆるポットベリーの状態ではない。だからといって産卵直後のシーバスのように腹がへこんでいるかといえばそうでもなく、筋肉質で見栄えのよいプロポーションをしているのが春のヒラスズキの特徴である。

暦どおり3月から5月で考えれば、3月前半はまだ水温が底を打った状態にあるため、冬を引きずった傾向が見られる。ルアーへの反応が鈍かったり、ベイトが沖に出てヒラスズキの気配まで消えるといった現象が散見される。そんな段階においては、陽射しで水温が温もりやすいシャローフラットに絞って釣行したり、晴天の日に釣行するとよい。サラシが広がる日は曇天が多いが、冬型の気圧配置が緩んで南から風が吹くようになると南に面した釣り場にもサラシが広がるので、「晴天、陽射し、シャロー、水温上昇、サラシ」と条件が揃う。

3月後半になると水温も底を打ったところから少しずつ回復を見せるようになり、ルアーへの反応が徐々によくなっていく。実際のところ、「春はルアーを追う距離が長くなる」と感じているアングラーは多く、ストライクゾーンが広い季節だ。

4月に入ってからはますます安定し、5月に向かってどんどんよくなっていくのと同時に自己記録を塗り替えるような大型が期待でき、「遠征してもハズしの少ない最高の時期」を迎える。

ルアーの選択肢も多くなることから、さまざまルアーを使ってそれぞれの違いや特徴を把握し、レンジやトレースコース、アクションにも意識を向け、ヒットのからくりを知って自分の経験値を高めるのに最高の季節といえる。軽装で動けるのもかなりプラスだ。

そして、6月が近づくとシラスのような小さなベイトが増え、それを好んで捕食する傾向が高くなっていく。

春は、ヒラスズキが産卵を終えて盛んにエサを食うようになる

夏のヒラスズキの状態

梅雨が勝負

夏は北西の季節風とは縁遠い季節でシケ自体が少なく、期待できるとすれば台風によるウネリだが、日本から遠いところにあったとしても釣行は非常に危険である。台風の通過後に行くにしても慎重を要し、基本的にはあてにしないほうがよい。

梅雨が明けて盛夏を迎えると酷暑が待っており、磯への釣行は冬以上に過酷になる。よって、ヒラスズキを釣るなら梅雨の間がよい。

ヒラスズキはサラシと一心同体のようなところがあるが、夏はサラシがなくてもしばしば釣れる。ベイトは地域によってさまざまで、12~13㎝の大きさを好んで食べているところもあれば、4~5㎝あるいは2~3㎝のいわゆるマイクロベイトを偏食しているところもある。

このようなマイクロベイトを食べているときはルアーサイズも小さくするのが原則だが、そうするとフックの強度や飛距離の整合性が保ちにくく、釣りが難しくなる。

どの大きさのベイトにしても、夜明けを迎えてベイトが動き出す時間帯に時合がくることが多く、朝マヅメ限定の釣りになりがちで、あとは夜にチャンスがある程度だ。

レンジと釣り場に関しては、水温も上がってサラシもないからといってディープレンジで釣れるようになるというわけではなく、ヒットレンジは概ね浅めだ。海底よりも水面のほうが近いレンジで釣れることのほうが多いだろう。

これが釣り場にも関係し、ある程度水深がある落ち込みを控えた浅場が釣り場としていいようだ。言ってみれば、浅場はヒラスズキにとってダイニングテーブルというわけである。腹を満たしてしまえば過ごしやすい水温の深さに移動していると考えられる。ただでさえ水温が高いうえに陽射しが注ぐと浅場の水温は一気に上がってしまう。それもあって時合も朝に限定されるわけだ。

より清涼な釣り場という観点で考えると、浅い水深が連なる地磯よりは沖磯を選んだほうが釣りは成立しやすい。または沖磯同様に潮の流れがよいボートも選択肢となる。さらに、時間帯を変えて夜にすれば漁港もフィールドになる。見方を変えれば、夏は多様性のあるシーズンである。

そして、8月半ばをすぎると南からの風ばかりではなく、北や北東、北西からの風も吹くようになり、人知れず秋が気配を忍ばせる。

梅雨明けした7月と8月いっぱい、9月の下旬までは「事実上のオフシーズンとしている」アングラーが多いが、8月の風向きの変化は、ヒラスズキ愛好者の気持ちも撫でるようである。

秋のヒラスズキの状態

盛り上がりを満喫

3月～5月の春が安定期とすれば、9月～11月は月ごとに変化し、秋が深まるほど上向いていくのが特徴だ。

真夏のオフシーズンが終わり、秋に始動するのは9月下旬あたりと考えてよい。気温はその頃を迎えるとようやく落ち着くが、海中はまだ夏真っ盛りで、夏に小さなベイトを食べていた個体は依然として小さなベイトに執着しているのが初秋の傾向であり、そうした個体が少なからずいるところが軽く悩ましい。そんな季節である。

南海に張り出していた太平洋高気圧の勢力がおとなしくなると、日本列島を秋雨前線と移動性高気圧が入れ替わるように通過し、少しずつ秋めいていく。

前線が通過する際にはサラシも見込めるが、それは多少である場合が多く、夏に重視していた潮流が引き続きキーとなる。ルアーも大きめよりは小さめが主力になるため、タックルセッティングもややライトにシフトさせておくと釣りが快適に行なえる。

10月に入ってもまだ水温は高めだが、北寄りの風が吹く日が多くなり、サラシを作ってくれる強さで吹いてくれるようにもなる。ただし、サラシが薄いとルアーサイズに顕著にセレクティブになる場合がある。これは、晩春や夏のマイクロベイトの偏食時と違って、食い気は高いがルアーを見切ってくる感じだ。そこでは小さめのルアーやトップウォータープラグを活用しつつ、ルアーの種類やサイズのローテーションで相手に食い気のスイッチを入れるようにしたい。裏返せば、相手を幻惑させる腕を身につけるのに最高の時期でピタッと合わせれば釣果数を激増できる。

11月になるといよいよヒラスズキの本格シーズンという様相になる。厚くて広いサラシを作るシケの日も定期的に訪れるようになり、沿岸におけるベイトの種類も増え、活発な回遊も見られる。

こうなると10月にたまに見られたルアーへのセレクティブな反応自体が少なくなり、極端な話ヒラスズキを相手にできるルアーならどんなタイプでもどんなサイズでもヒットするといっても大袈裟ではない。

ところが、そんな天国のような状態は寒波がくるといったんリセットされてしまう。

そもそも水温下降期であるのにくわえ、追い討ちをかけるように一気に水温が下がると活性もろとも下がってしまう。ベイトも水温に反応して沿岸から離れてしまうとさらに状況は深刻になる。再びチャンスがくるのは寒波が去って寒さが一定になってからである。即ち、11月に釣るなら寒波襲来前で、そこで荒稼ぎすると覚えておきたい。

冬のヒラスズキの状態

1尾の価値

冬の北風がヒラスズキ釣りにどれだけ貢献しているかはもはや語るまでもない。秋に本格化したヒラスズキ釣りは、その後産卵期というひとつのピークに向かって熱く競り上がっていく。

産卵期は12月～1月で、その前後も産卵絡みの個体は釣れ、とくに後半はだらだらと3月まで続くが、だらだらとした個体は少数派といえる。つまり、12月から1月は多くのヒラスズキが産卵期間中に入ってしまうため、シーズン序盤の端境期と位置づけられる。同じ12月でも初旬はまだいい釣りができる可能性があるが、後半は厳しく、こと年末年始は渋さに拍車がかかる。

どんなにいいサラシが広がっても、海鳥が舞ってベイトのたしかな存在を知らせても、満点なのは雰囲気だけでルアーへの反応自体が少なく、魚の気配が消えて磯から抜けたようになる日が多い。ほかの時期ならすぐに反応するポイントでもヒットが遠く、一日でトータル1ヒット、それも極めて小さなバイト、釣れても産卵に関与しないサイズというケースもある。

都合が悪いことに水温も下降を続けているためにヒラスズキがエサを追う距離も短くなっている。この時期は釣り場選びに始まり、釣り場に魚がいることが前提でもポイント選定やルアー選び、コース取りで正確な釣りが求められる。それだけに、そこで釣れた1尾は深く記憶に残る。

シケが安定して見込める時期だが、水温が鍵を握る

2月になるとシビアな状況が和らぎ、産卵終了組や産卵中の素晴らしいコンディションのヒラスズキと出会えるようになる。水温が高い離島に渡ったり、九州に入れば大型の数釣りという夢の体験が現実味を帯びる。もっとも、九州でも五島や九州南部の離島のほうがもっと条件はよくなる。いずれにしても温水域の魚といえるので、とくに冬期の日本海岸はさらに厳しい条件に置かれる。もっとも、その分1尾の重みは増すに違いない。

沖磯釣行

ショートカット

魚と出会う面と安全面のふたつのメリットが瀬渡し船釣行にはある。これからヒラスズキ釣りをやろうとする人がすすめられるのはそのためだ。

魚と出会う面については、「地磯だとちょっと厳しいから沖磯に行くというのはあっても、その逆はない」ところが挙げられる。

沖磯だけでなく離島もそうだが、いったん渡ってしまうとすぐには戻れず、取り返しのつかなさや時間のロスといったネガティブ要素が取り上げられるものの、ヒラスズキ釣りは、同じランガンでもエギングとは質の異なるランガンになる。エギングだと漁港をチェックして短時間で切り上げ、次の漁港へ……という車の機動力を駆使した行動範囲の広いフットワークになる。足元も波止釣りならスニーカーでよく、なにごともサクサクできてしまう。

その点ヒラスズキ釣りは磯歩きである。一度入れば半日、長いと一日いることも多い。たしかに長く歩けない小磯もあり、仮にそれが点在していたとしても車から降りて地磯に入り、釣ったあとに車に戻ってまた走り、今度は別の地磯へ……というのを繰り返して、果たしてどれだけキャストできるだろうか。

地磯のヒラスズキ釣行では場所替えをしたとしても一日に二ヵ所がいいところで、頑張って三ヵ所という感じだ。もちろん、陽が長くなれば行動時間も取れるが、それでも四ヵ所というのは肉体的にもしんどい。ましてやこれから始める人に推奨できるスタイルとは言いがたい。

沖磯がイマイチだったときの保険として、小さな釣り場を避けて探れるところが多い広い釣り場が希望なら、船長にそれを伝えるだけで解決する。

沖磯といってもなかには島がある。磯というより無人島釣行で、これだと地磯歩きと変わらない。おまけに先行者もおらず釣り場を独占できることも多い。さらには、お迎えつきでヤブ漕ぎの必要もなく、帰りに心臓破りの坂があるということもない。

瀬渡し船は釣り場にダイレクトに渡してくれるのでありがたい

瀬渡し船のホースヘッドに乗り込むだけで車を停めたところに戻ってくれる。

厳寒期の2月や夏の6月からはとくにおすすめで、オフシーズンといわれる真夏にヒラスズキ釣りができるとすれば熱中症対策がやりやすい瀬渡し船釣行以外にはないだろう。シーズンが始まる秋もよければ春のハイシーズンに憧れの磯に行くプランもよい。利用したほうがいい時期は前記した2月や6月だが、瀬渡し船によるヒラスズキ釣りはそれこそ周年やっても構わないし、やろうと思えばすぐに始められる。

沖磯は、仲間と、あるいはひとりで釣り場を独占できるメリットがある

厳寒期は沖に位置しているので磯周りの水温が安定しており、ベイトとヒラスズキが寄っている可能性がある。6月からの夏は、水温が高くなってサラシの日も少なくなる地磯よりも沖のほうが潮流は速く、ヒラスズキにとって居心地のよさが予想される。

利用時の心得

瀬渡し船を利用するときは、まず予約の電話を入れる。釣行日と人数を伝える。ヒラスズキ釣り、つまり荒れた海に出船することが大丈夫かを確認しておく。

釣行前日は翌日船が出るかを電話で確認する。船が出る時間には乗船準備を整え、場合によっては荷物の積み込みもすませておく。沖磯に着いたら同船者同士で協力し合って荷物リレーをやって速やかに渡礁を完了させる。回収時刻が決まっているので確認する。自分が渡礁したら、船長によっては見回りや瀬替わりをさせてくれるので、その時間を確認しておく。船長の携帯番号は渡礁する前に携帯電話に登録しておくこと。

そこからヒラスズキ釣りがスタートし、安全確認を怠らずに磯を歩く。回収時刻には船着けに戻ってきて帰り仕度を整えて待つ。回収時も同船者と協力して荷物リレーを行なう。

船長の判断や同船者の協力など、瀬渡し船釣行は安全面でも単独の地磯釣行よりは安心できる。とくにこれからヒラスズキを釣ろうと思うのであれば、仲間と一緒に沖磯釣行から始めるのがイージーでありセーフティーで、学ぶことが多いだろう。その後フィールドを地磯に広げてもよい。

船長の判断は安全面だけでなく、釣行日の潮回りや干満によってふさわしい釣り場へ案内してくれるし、釣行後はヒラスズキの生態についても話してくれるはずだ。

地磯釣行

下見

地磯は未知に包まれている。行ってみなければ、その先がどうなっているかわからない。そこがヒラスズキ愛好者の心をくすぐる。

真っ先に気になるのは釣り場としての条件はどうかだが、ほかも重要だ。どこまで歩けるか、行った先で磯から出るルートはあるか、崖はどうか、雨が降ると雪のように滑る赤土ではないか、ロープが必要か、出口がなければ来た磯を引き返すが潮位が上がったときでも引き返せるか、潮位が上がるとルートが水没するとすれば多少水に浸かれば安全にパスできるのか、急激にシケたときは待避できるスペースが磯の背後にあるか、潮位はだいたいどこまで上がってくるのか。

仮に、磯際から見上げた頭上の木立にゴミが多く引っ掛かっていたとすれば、大シケのときはそこまで波が跳ね上がっている可能性がある。と同時に磯の手前にはそれだけ高く波を跳ね上げるだけの段差のはっきりしたブレークがあることが想定される。危険だが、ポイントにはなりそうだ。緊迫と感興の思いが交錯しながら磯を歩くだけでもそんな情報が入ってくる。

地磯釣行には開拓する楽しみと時間に縛られない自由さがある。冬に積雪した地磯を歩くのはとても危険なため、控える

底質もできるだけ詳しく把握しておきたい。潮位が下がったときや下げ潮で展開することの多いこの釣りは、底荒れや底濁りすると不利である。海底が砂地だと当然巻き上げられてしまう。

ほかには岩ノリの有無だ。これは足元の安全につながる。

釣行時にこれらをぶっつけ本番で調べると危険だ。下見をするなら満潮スタートがよい。潮位が高いと、往路で浸水箇所がわかるからだ。その後、潮位が下がるのにともなって奥へ進んで行ける。規模の大きな地磯だと、上げ潮になって戻って来られない可能性もあるため、安全に待機できるスペースがあるならそこで下げ潮に変わるまで時間を潰すこともできる。そのとき「ロッドがあったら」と思うだろう。思うに決まっている。しかし、踏査のときはロッドを握っていないほうが地磯自体の情報は多く入るだろう。こうしたことは、釣り場を知る同行者がいればたちまち省略できる。なおかつ安全度も高くなる。

シミュレーション

地磯釣行のときは行動計画を頭に置くのが必須だ。

釣り場をひととおりチェックするのに必要な時間は押さえていたい。釣行日の潮回りが何で、潮位変動がどの程度で、何時に潮位が下がり、何時に上げ始め、シケがどう変化し、どのタイミングにどこでなにをしているかを思い描いておきたい。

地磯の規模はまちまちなので、筋書きが釣果と安全に直結する。これも信頼できる同行者がいれば任せられて心強い。

引き返さないといけない地磯

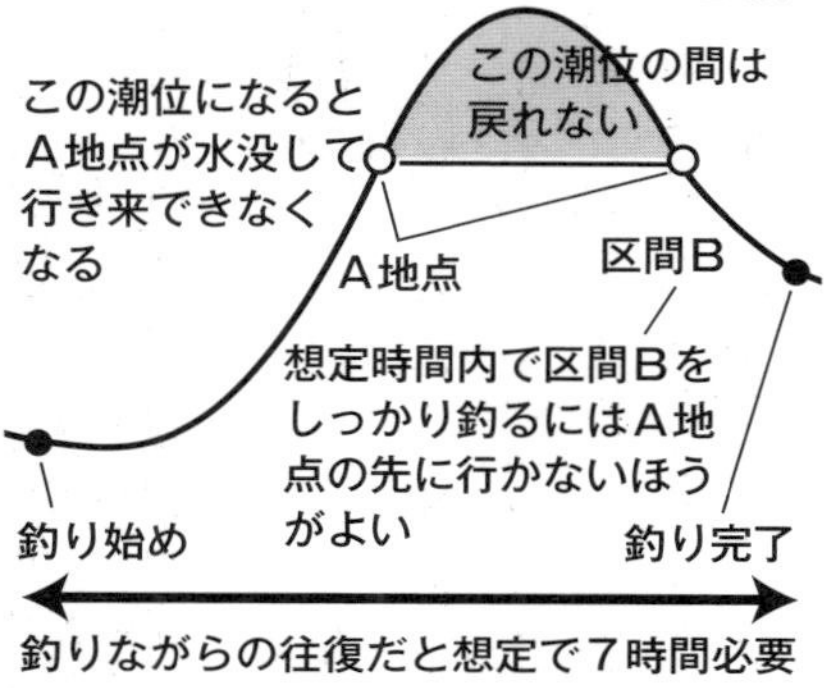

この潮位の間は戻れない
この潮位になるとA地点が水没して行き来できなくなる
A地点
区間B
想定時間内で区間Bをしっかり釣るにはA地点の先に行かないほうがよい
釣り始め
釣り完了
釣りながらの往復だと想定で7時間必要

実釣面については、地磯だから小型が多いということはなく、釣り場のポテンシャルによる。シーズンは、本土の地磯だと産卵期や厳寒期、夏は厳しくなりがちだ。

ルアーは地磯も沖磯も大差なく、ヒラスズキに使えるルアーなら通用する。強いて言えば地磯の多くは浅い釣り場が多く、飛距離が稼げるミノーを多めに備えたい。

一方、ドン深のところは崖になっていたり、水面まで遠いところが多い。それでも釣りが可能な範囲内であれば、足元まできっちり引けるタイプのルアーが必要である。

また、山を抜けて釣り場に出るところなら、道中にクモの巣があればその日先行者がいないことが見込めるし、逆にひとつもなければ先行者がいたとも想定できる。

先行者がいた場合、ヒラスズキの反応が鈍くなっていることも考えられるため、見た目によいポイントには固執しないほうが吉と出るケースもある。下げ潮なら、先行者と間を置いて潮位が下がってから沖を釣る。

ルアーサイズは季節によって変わり、冬は大きめ、春や秋は小さめを心がけるのが基本で、サオ抜けポイントを探すほか、速めの探りでリアクションを誘ったあと、一転してゆっくり誘ってみるといった組み立てがある。ただし、ゆっくり探るときは深く潜りすぎないルアーを使うか、シンキングペンシルを使うなら小さめを使うほうが手堅い。どちらもストラクチャーに対してタイトに攻めるのが理想だ。

先行者のあとだけに、いつも以上にルアーサイズと巻き速度、レンジを意識し、細かい部分に配慮したい。

飛距離は重要なのは間違いないが、先行者も使っている可能性がある。したがってそれ以外の視点も持つことが大切である。

潮回りと干満

潮回り

大潮、中潮、小潮、長潮、若潮とあるうち、干満差が大きくて磯のフロントラインが沖合に出るのは大潮。逆に長潮や若潮は潮位変動が少ない。これだけを考えれば大潮のほうがいいように思えるが、そう単純ではない。

たしかに大潮でガッツリ潮位が下がるとその分前に出られ、「普段は水没して立てないところを釣り座とし、沖を探るとサイズが出る」というのはある。その後潮位が上がってきてもサラシの位置が岸寄りになるだけで、上げ潮に乗って魚が差し、別のポイントができる。つまり、上げ潮のときと下げ潮のときで二回チャンスがくる。

そんな場所の多くはシャローテーブルで、この釣りでシャローが好まれるのはそんな理由が関係している。

ただし、大潮でも沖の潮の動きが活発なだけで沿岸はむしろ動かないという日もあるほか、「大潮は時合が短い」と感じている人も多い。満月大潮の前後は、魚が夜に活動して日中は極端に活性が低い場合もある。大潮といっても満月なのか新月なのかは気にしておくべきで、多くの人は新月を好む。

一方、若潮でも「潮位変動は少ないが、時合が長くなる」とねらって行く人もおり、その声はヒラスズキ釣りに限らず、多い。

干満

釣行予定を組むときは、潮回りだけでなく、干満差で潮が何㎝動くかも見ておきたい。

春は日中の干満差が大きくなり、冬は夜の干満差が大きくなる。これは、日中のほうがよく潮が動くのか、夜のほうがよく動くのかの違いとなり、魚が日中に活動しやすくなるのか、夜に活動しやすくなるのかの違いにつながる。

そのほか、地磯では「潮位が何㎝までならあの地点を通過できる」といったことにも関係するため、潮回りよりも潮位の数値を気にし、潮の高さから行き先を決める人もいる。

実際に、春の大潮の干潮時にしか行けないという地磯もあり、そんな人にとっては年に数回の恒例釣行となっているようだ。

ヒラスズキ釣りでは、シャローや下げ潮ばかりが注目されがちだが、潮位変動があまり関係しない深いヒラスズキ釣り場もある。足元から切り立った地形かスベリ状（水面下まで一定の角度の斜面）がそれだ。

そんな場所や浅い釣り場で潮位が高いときは、波打ち際がポイントになる場合が多い。岩がベイトの逃げ場をなくすためだ。探るときは渓流釣りと同じように自分の影を見せないよう配慮したい。

各地の新月(大潮)と長潮のタイドグラフ

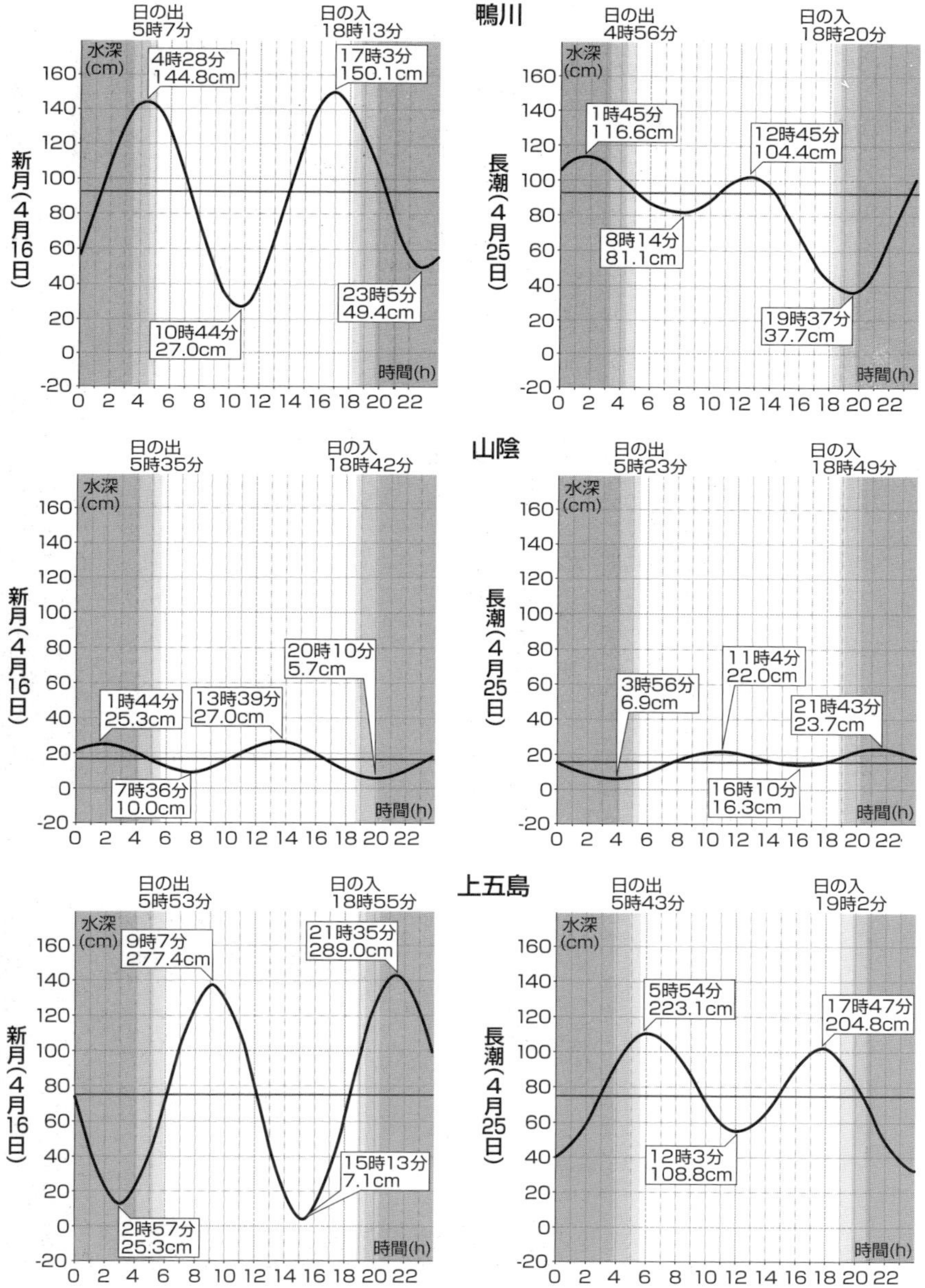

潮回りのほかにも何時に何cm動くのか、変動幅を見ておきたい

磯以外のヒラスズキ

砂ヒラ

イメージ上、ヒラスズキと磯は強固に結びつき、磯だけが釣り場のように感じてしまうが、実は砂浜、ゴロタ浜、河川、漁港、ボートでも釣れる。驚きとともに違和感がよぎるが、これらの場所ではさすがに磯のように長い期間ねらえるというわけではない。すべて一時的な現象だといってよい。

それは、磯のサイズが落ちる時期や水温の関係でベイトポジションが沖合にシフトしたり、活動の時間帯が日中から夜になるといった事情が絡んでいるようだが、真実は魚のみぞ知り、いまだ謎めいている。

もちろん、砂浜やゴロタ、河川、漁港、沖ならどこでもいいかというとそうではない。

砂浜、つまりサーフはヒラメの印象が強いが、春、晩秋、冬はヒラスズキが交じって釣れる。時期についてはエリアによって前後することを断っておきたい。

釣り場の傾向としては周辺に目立った磯がなく、あっても小規模というのが多く、代わりに砂浜は広大で、そんな場所だとヒラスズキは沖の沈み根についているようだ。

夜になると浅瀬へ差して捕食行動を取り、陽が昇ると再び沖へ戻るのが行動パターンだといわれている。

よって、時合は夜から夜明けの朝マヅメまでと考えてよい。確率論からすれば、実績の多い場所なら決して幻級ではない。とくに深夜から夜中に満潮を迎え、陽が昇ったあとに干潮を迎える潮時がいいといわれている。上げ潮に乗って沿岸に差したヒラスズキが、日の出前の朝マヅメならまだ付近に残っているという読みである。もちろん、深夜から夜中の満潮絡みの上げ下げも期待大である。

冬期になると夜の潮位変動が大きくなり、それに伴って魚食魚の動きが夜主体になることも無関係ではないと思われる。

ヒラスズキにつきもののサラシは磯ほど重要な要素とはならず、これは砂浜だけでなく、ゴロタも河川も漁港も夏のボートにもいえる。

ヒラスズキは砂浜にも出没。広大なサーフが多い太平洋岸ではメジャーになっている

ゴロタヒラ

ゴロタは砂浜やほかの釣り場と比べると若干磯っぽさがあり、磯に隣接しているところも多いため、ヒラスズキの行動範囲内と考えても違和感はない。しかし、ゴロタ浜は砂浜や漁港などに隣接している場合もあり、そうした場所でも実績がある。

あくまで推論の域を出ないが、ヒラスズキは季節によって移ろう水温やベイト、産卵行動といった生態のリズムからある程度の範囲内で移動していると仮定され、実感しているアングラーは多い。

何㎞にも及ぶ砂浜の、沖の沈み根についているのであれば、季節が限定されることは考えにくく、周年実績が上がってもよさそうなものだが、実際は先述したように釣期が限定される。その一端を捉えてもヒラスズキが移動している裏づけになりそうではある。

そして、このことは砂浜やゴロタ浜だけでなく、河川でも河口でも同じような考え方でよいと思われる。

実釣面に触れると、「ゴロタヒラは上げのほうがよい」と感じているアングラーが多い。時間帯は主に夜だが、磯が隣接する場所なら朝の早めの段階でも可能性はある。実績が上がっている季節は春、秋、晩秋、初冬で砂浜と重なるところが多い。

できればゴロタ浜だけが延々と続くのではなく、河川の流入や小さな磯の存在、ワンド状といった地形の変化があるほうがベイトの寄りもよく、可能性は大きくなる。

ゴロタ浜でもヒラスズキは釣れる。ただし、居着くかマイグレーションするかは海中の障害物や周辺の地形条件が関係する

川ヒラ

河川といえば普通シーバスだが、初秋、春や初夏や晩秋、あるいは初冬にもヒラスズキが釣れるところがあり、時期についてはエリアによってまちまちである。しかし、共通するのはいずれも釣期が短いところだ。

もちろん、河川に続く砂浜やゴロタ浜という具合に視野を広げれば釣期はもっと長くなるが、河川内にヒラスズキが入るのは長くない。

釣れるのは河口から下流にかけてが多く、シーバスのように中流域の堰あるいは清流然とした上流域にまで差すことはないようだ。

河川でヒラスズキをねらうなら、シー

バス同様に「地形、ベイト、流れ」の三要素が需要な鍵を握っており、アップクロス、クロス、ダウンといったアプローチで絞り込んでいく。つまり、ヒラスズキといえどもシーバスをねらうときのように「流れ方に地形変化やストラクチャーを勘案して、どこに待機してベイトを待ち受けているか」を読み解いていく作業が求められる。

イメージにないが、ヒラスズキは河川内にも入ってくる

共通項はほかにもあり、ヒラスズキが河川内に入っていることが濃厚な釣期であれば、雨後の濁りの増水パターンでもヒットする。磯ではマイナス要素の濁りは、河川内ではプラスに働くところはなんとも奥深い。

使用ルアーは地形、ベイト、流れといったそのときのシチュエーションから決めていくが、ヒラスズキや河川シーバスに強いルアーならよい。これについては砂浜もゴロタも同様で、磯のヒラスズキ釣りに使えるルアーを基本とすればよい。

時間帯は夜やマヅメのほうが可能性は高く、河川のシーバス同様に日中は厳しい。

漁港ヒラ

春から初冬にかけて、アジやメバルをねらうライトゲームはロングランで楽しめるが、それにヒラスズキが好反応する。ケース的には多くも少なくもないという感じで、決して珍しいわけではないが、いつもヒットするというほどでもない、という程度だ。

ライトゲームなのでジグヘッド+ワームのいわゆるジグ単を襲ってくる。ライトリグをさばくのに適したライトタックルゆえ、サイズ的には大型は獲れないこともないが実績的には少なめで、ヒラフッコサイズが上がれば上出来、多くはそれよりも少し小さめというのが多い。

夜のライトゲームで出た良型。強引なやり取りをせず、テンションを一定に保って時間をかければ大型のキャッチもある

もちろん、これも釣れる地域が限られており、どこでもというわけではない。アジやメバルで有名な外海に面したエリアがよく、内海でも釣果実績はあるもののサイズはセイゴクラスでそれ以上は見込めない。

時期は長いと先に記したが、とくに4月～5月の離島の常夜灯周りは可能性が高い。もちろん、これも夜が主体の釣りである。

ボートヒラ

春に底を打った水温が回復し始め、上昇に転じて夏を迎えるとヒラスズキも終始流れているような沖のほうが居心地はよいのか、釣りが成立するほど多く見られるようになる。

そして、沖にいる夏のヒラスズキとワンセットのようになっているのがマイクロベイトだ。

春はベイトサイズが小さくなることは本書でも何度か触れており、ヒラスズキは流れを利用して表層でまとめ食いするように盛んに行動する。沖も沿岸も共通しているのは、浅いところに追い込んで捕食するため、ポイントの水深は浅いところである。

水面に元気のよい反応が出るわりにはバイトは小さく、食わせるのがテクニカルな反面、サラシがなくても釣れる。

サラシもない、むしろベタ凪でキャッチできるのがボートの魅力

ボートで、しかも穏やかな日にも可能性はあるため、普段とは違うヒラスズキ釣りが味わえる。もちろん、シケると釣りの点では活性も上がってよいが船だと出船できない、ポイントに近づけないことも多い。

沖といってもカケアガリと浅い地形を形成しているところが釣り場になることが多く、見方を変えれば沖磯といえなくもない。沖磯には足場があるが、こちらには足場がない。だからボートで釣るという感じだ。

秋から晩秋は、一転して多少のサラシはあったほうがよく、ベイトサイズも通常のサイズになり、使うルアーのサイズもスタンダードなものでよい。釣り場もいかにも洋上といった雰囲気の海にポツンとたたずむ座礁よけの灯台のようなところのほか、陸行不可能な地磯周りもくわわる。

時間帯はマヅメから日中の釣りと考えてよい。

シケ上がりとシケ下がり

シケ上がり

ヒラスズキ釣りをやる人は、釣行日のシケ模様を「シケ上がり」や「シケ下がり」と表現する。

シケ上がりとは、今後シケがひどくなっていく状況を指す。多くは凪の状態からシケがひどくなればヒラスズキ日和となっていくことを意味するが、シケが度を越すと釣りができないばかりか危険でもあるため、シケ上がりは充分に注意しておきたい。

そしてもうひとつ、シケ上がりだとしばしば波のピッチが早くてキャストのタイミングが難しくなる意味も含まれている。とくに、風の方向と流れの方向が反対だと波の暴れ方がひどくなるため、数少ないキャストのタイミングでルアーを投げたとしてもルアーが波に揉まれやすくなる。

水深が浅い釣り場ほど荒れ方が顕著であるため、シケ上がりの日はいつもより水深のある釣り場選びが奏功することが多い。

もちろん、安全を最優先で釣行を考えるようにしたい。

シケ下がり

逆に、シケ下がりは今後シケが収まっていく状況を意味する。いわゆるショボサラシといわれる状態で、ヒラスズキが反応しにくくなったり、ストライクゾーンが狭くなったりする。ただし、風が収まることで前に出やすくなるのも期待できるため、ワンチャンスを拾っていく釣りとも言い換えられる。

そこで気にしておきたいのは潮の上げ下げのタイミングである。下げ潮で潮位が下がるのであれば陸地が広がり、その分前に出てフレッシュな沖側を探れるようになるが、上げ潮で潮位が上がると、釣り座はどんどんなくなるうえにサラシも消えていき、状況はどんどん厳しくなってしまう。

少しでも長くサラシが広がることを期待するならば、浅い釣り場選びが合っている。

また、徐々に核心部に近づくのではなく、釣り始めから本命ポイントを探っていくゲーム展開が合っている。

シケ上がっていく状態の海

シケているときとシケていないときでは海の様子がまったく変わる

第4の扉

実戦の絞り込みに磨きをかける

キャストポイントを見極める

いい所＋α

キャストポイントを見極めるうえでもっとも大事なのは、「この海の状況でヒラスズキが一番楽して食えるのはどこか」を考えることであり、そういう思考で釣り場全体を眺めるとポイントを絞りやすくなるほか、投げるべきルアーも選びやすくなる。

サラシがあちこちにあり、見渡すとどこも乳白色。ヒラスズキ釣行ではそんな状況は多い。そのなかでもいいサラシ（ポイント）とそうでないサラシはあるもので、サラシを目利きしていくところもこの釣りならではだ。

沖の岩や沈み根はいうまでもなくキャストポイントになる。しかし、岩の表、波がぶつかる側にヒラスズキはいない。ねらうのは裏である。また、裏側でも波が激しいと海面が終始波に叩かれっぱなしのようなところもあり、ヒラスズキがいないと想定される。裏側まで激しく荒れるのは、なで肩状や尖った形状をした岩が多い。

それにくらべて台形や四角形だと表で波を受け止めてくれるため、裏はヒラスズキ釣りに向いたサラシの広がり方をしてくれる。

サラシは目に見える岩のほか、沈み根周りもブレイクによってもできるため、ブレイクもキャストポイントになる。

概ね波がブレイクや大岩にぶつかってサラシが平面状に大きく広がっているところはいいポイントである。

そうしたいかにもよさげなポイントは自然と目にとまるものだが、そんな場所を見つけたら、チェックの目をそこで完結させないようにしたい。さらにその周りに目を向けて、よさげなポイントに絡む岩、海底の根や溝、流れ、別のサラシ

タイミングを見計らって投入し、ルアーを巻き始めたところ。この直後にヒットした

こういう状態でキャストしてもルアーが波に飲み込まれるだけである

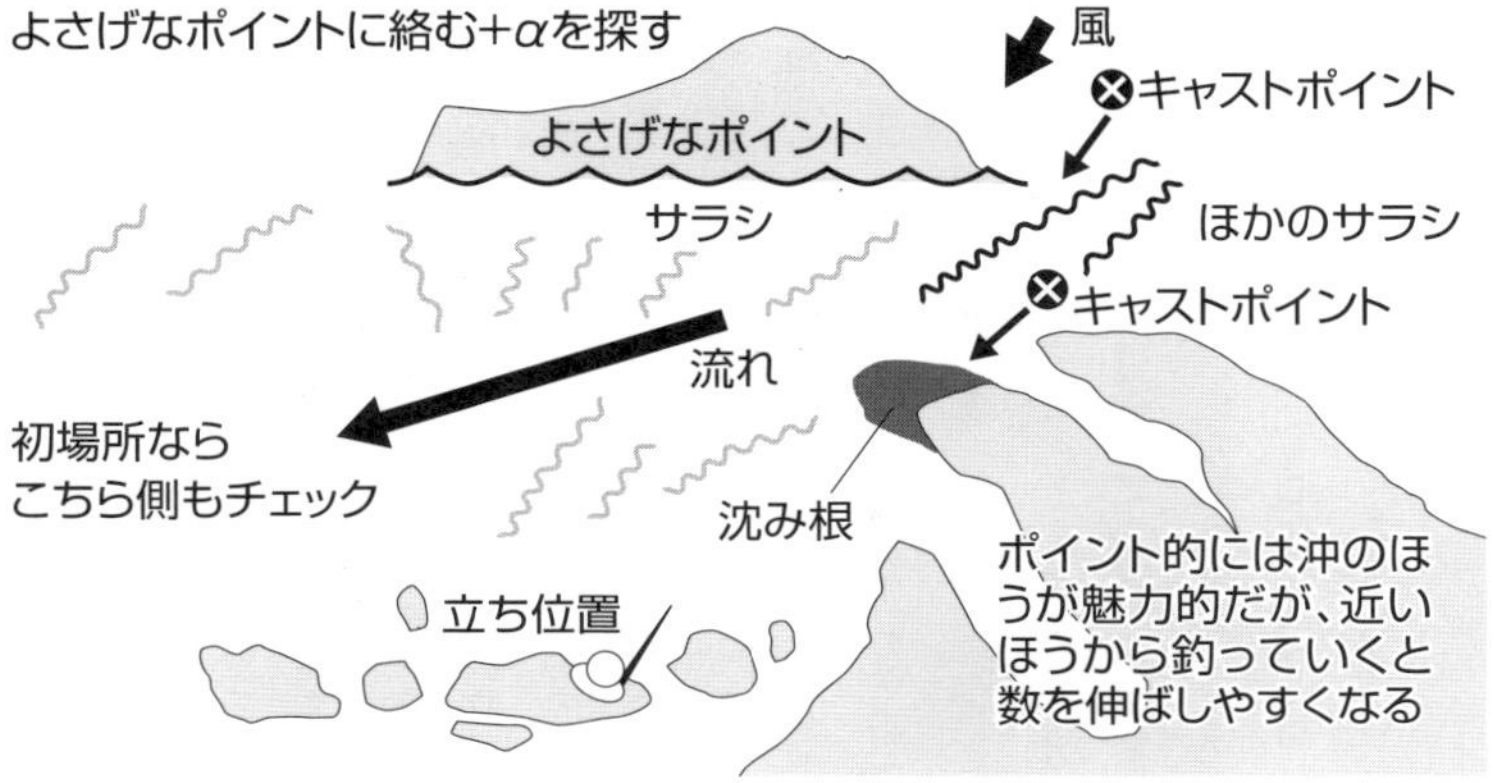

の筋などがないかを数分かけて観察するなり、探したのちにピンポイントはここに違いないと想定する。

観察の結果、手前にも怪しいポイントを見つけたら、手前から探っていくのもよい。どんな釣りも手前から魚を抜いていくほうが数は稼げる。

それに続いていよいよピンポイントを攻めるが、反応がなかったとしても構わない。自分の予測を次に修正すればよいだけである。たとえハズれるにしても、キャストすべきピンポイントを探し、予測することが大切だ。

よさげなポイントに絡む岩などを探すのは、1尾で終わりそうな場所なのか、何尾も出そうな場所なのかの違いになるからだ。

とくに、沈み根や流れ、ほかのサラシの筋などが複合的に絡んでいる場合には、自分の立ち位置にも関係してくる。

当然、ルアーはピンポイントに対してタイトに通したい。ロケーションに対して立ち位置を間違えてしまうとピンポイントの反対側や離れるばかりになるからだ。

一撃一発で掛けるつもりでいくのがヒラスズキ釣りであるため、ピンポイントと自分の立ち位置を結んだ線に風、流れ、沈み根などの要素を考慮して最終的な釣り座を決定したい。

キャストのタイミングも重要で、サラシが広がって平面状になるときに着水するのが理想的だ。よって、キャストの際は自分が打ち込みたいポイントの沖の波の立ち方を観察しておくとよい。

ヒラスズキ釣りでは足元を自由に動かせるだけのスペースがない足場も多いため、腕の振りに加えて腰の回転と手首を固めてリールをしっかり掴み、ミスキャストを一投でも減らすようにしたい。フライキャストならまだしも、風の影響を受けて横に飛んでいくと根掛かりする可能性が高い。

また、初めての釣り場はピン撃ちだけでなく、広角にキャストしてリサーチするのも忘れずに。

トレースコースとアクション

筋書き

ルアーとラインとアングラーはなるべく直線に並ぶのが理想だが、ヒラスズキ釣りでは強風のため、ラインの膨らみはある程度は仕方がない。逆に、風の膨らみを利用してポイントを攻め、岩の向こう側にルアーを送り込めるようにもなる。

海の観察によってキャストポイントを見極めるのと同様に、トレースコースにも「こういうコースでここで食わせる」という筋書きが大切だ。

ヒラスズキが食うだろうと見立てたポイントのできるだけ近くにルアーを通すにはどういうコースにするべきか。その際に考慮するのも風向きと風速である。それによって立ち位置やルアーが決まり、投入点も決まる。場合によってはロッドを立てて意図的にラインに風を当てる。風がどの程度ラインを膨らませるかが予測できれば、正面の岩に向かってキャストしてもルアーやラインを岩に引っ掛けることなくねらいのポイントを通せる。ミスキャストしたら躊躇なく回収してやり直す。

ヒラスズキ釣りではラインの膨らみをどう考えるかが大事で、膨らんだトレースコースにはふたつの役割がある。ひとつは障害物をかわしてルアーを届けるためのトレースコースで、もうひとつが釣るためのトレースコースだ。

ラインが膨らみすぎてルアーが横を向くとうまく泳がず、極めて釣れにくい。ルアーを飛ばすほどラインの膨らみは大きくなる。したがってラインが膨らみすぎているところ、即ち巻き始めからしばらくは「釣れない区間」と処理し、そこを経て膨らみが和らいだところからが「ねらいの区間」となる。ねらいの区間に自分が見立てたポイントが入っているべきで、その観点で立ち位置が決まる。

ヒラスズキ釣りは、ルアーを引く間ずっとバイトを待つというより、一点一点をねらい撃ちするほうが圧倒的に多い。強風下でやるため、一点のポイントをチェックするにも線を考えなければならない。

アクション

そして、自分が想定したピンポイントでアクションを入れる。

アクションには二種類あって、ひとつは動きをプラスする足し算のアクションともうひとつが動きを止める引き算のアクションである。さらにもうひとつ、ただ巻いてくるだけのプラマイゼロの動きもアクションといえばアクションである。よかれと思って入れたアクションが余計な動きになって反応してこないというケースもある。

大事なのは、ヒットパターンを見つけるまではマンネリにならないようにプラスのアクション、マイナスのアクション、プラマイゼロのアクションをまんべんなく織り交ぜたい。連続アクションも有効だし、プラスとマイナスの組み合わせもよい。

ヒラスズキや海の状態は日ごとや時間帯ごとに変化する。絶対はない。アングラーも頑なにならず、自由に組み合わせたい。

こんな視点もある。

アクションは入れず、着水から早巻きして、ねらいをつけたポイントの寸前でステディーな速さに戻す。巻き速度を変えるだけでも魚の反応は変わる。

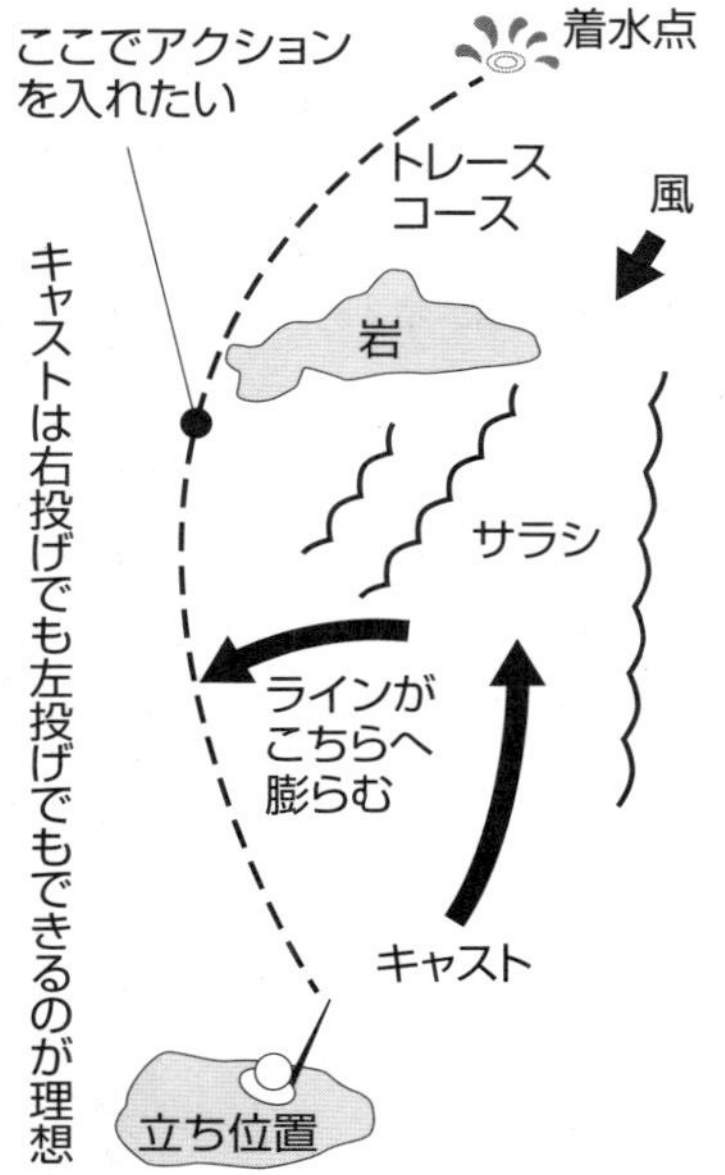

「アクションの違い」に「速度の違い」を掛け合わせれば、何通りもの誘いが可能だ。

ただし、ひとつのポイントで何十投したところで、投げるごとにヒラスズキの反応は鈍くなるため、しらみつぶし的なアプローチは効果が上がりにくい。

与えられたアプローチチャンスは数投しかない、と念頭に置き、アクションと速度をどう組み合わせるかを多くの選択肢から決定する。ここがゲームプランの面白みで、これも筋書きのうちである。

トレースコースのイメージは毎投持つことが大切だ

同じようなコースを辿っていても同行者は釣るのに自分にはヒットがないという場合は、海中のコースが関係している可能性もある。つまりレンジで、愛好者は水面下20～30㎝に目安を置いていることが多い。

トゥイッチはいわばプラスのアクションで、リアクションねらいに位置づけられる。

ドリフトはマイナスといってよいが、テンションを加減するため、完全に力を抜くわけではない。いわば食わせのアプローチといえる。サラシと流れを利用してやすやすとフィーディングするヒラスズキのことを考えれば、漂う動きは「のどごしのよいサラッといける動き」であり、生態に則した有効な手法である。

トゥイッチとドリフトは根本的にタイプが異なる動きである。きっとヒラスズキにも性格の個体差があるに違いなく、気性の荒いものもいれば、穏やか、臆病、警戒心が強いものもいるはずだ。性格の違う個体に寄り添ったアプローチができれば、数はもっと伸ばせるに違いない。

ルアーローテーション

具体例

ローテーションで悩むのは、トップウォータープラグ、ミノー、リップレスミノー、シンキングペンシルあたりだ。バイブレーションは過酷なシチュエーションの特殊任務用という色が強い。

というわけで、トップウォータープラグ、ミノー、リップレスミノー、シンキングペンシルのルアーローテーションを考えてみたい。

まず意識しておきたいのは、「ルアーを見せすぎないこと」だ。理由はスレ対策である。

この釣りはミノーから入る人が多い。だが、スレ対策、見せすぎないという点ではトップから入るのもアリ。釣り始めは大抵朝マヅメの薄暗い時間帯というのもマッチする。

トップで数投様子を見たあとにミノーへ替えても場荒れを心配せずに釣りを続けられる。

トップは幻惑の釣りで、トップに出たあともミノーに切り替えればバイトは持続する。ただし、トップウォータープラグはフックに乗りにくい面が否めない。加えて横風だと操作性がてき面に落ちるので、リップ付きミノーのほうが釣りは安定する。

フローティングミノーで少し飛距離が足りないときはシンキングミノーにすれば解決することが多い。シンキングミノーは飛距離がほしいときと少しレンジに入れたいときに重宝する。

それでも反応しないときは、サイズの観点からルアーを小さくして、小さくなって存在感や波動が縮小した分、ここぞというピンポイントでワンアクションを入れる。

それでも反応しなければ、バイトの決め手をほかの要素に求めてローリングタイプやウォブリングの動きの違いで探ってみる。

単にフローティングミノーと記しただけで、リップ付きかリップレスかはいわなかったが、水噛みをよくするならリップ付きで、水抜けをよくして波動をおとなしめにしたければリップレスという感じである。

それでもダメならシンキングペンシルの出番。ミノーを使っているときに小さなバイトがあって乗らなかったとなれば確信を持ってシンペンを使う。そう考える人は多いに違いない。

巻く釣りはたしかに強い。魚の活性が高いとき、釣り人側からの小細工やちょっとしたテコ入れで魚のスイッチが入るときのストロングパターンといえる。相手の活性が高くて必要がないのに丹念にドリフトをやっていると時間もかかってしまう。ひいては数が稼げない。

だが、ミノーの巻きの動きではない、流れに同調させるアプローチはなんの反応もないときやショートバイト時のモヤッとした状況を打開してくれる。

目先を変えて他ジャンルのルアーやヒラスズキではサブ的な位置づけのものを使うのも大いにアリだ。サブといっても主役の存在をかすめるスーパーサブもよく出てくる。

水の動きが大きな波打ち際でもしっかり泳ぐヒラメ用やバス用のビッグベイト、ソルトルアーでは珍しいシャッド、タフコンに一発逆転が望めるスピンテールなどのブレード系、極小ベイトの切り札となるソリッドベイトやメタルジグなどはあると心強い。

ルアーローテーションは広い視点と細やかな視点の両方が必要で、優先する要素をタイムリーに見抜けるかどうかが明暗を分ける。

もっとも、土台はやはり風を切ってポイントまで届くルアー、着水したあとに波に翻弄されずに泳いでくれるルアーが大前提で、そのなかからサイズとレンジを変えつつ、飛距離の面、浮力の点、波動の強弱、動き方の違いを見落とさないようにヒラスズキの食指を射抜いていきたい。

ルアーローテの大局観

ルアーローテーションの真意は、さまざまなルアーを使ってその日のヒットパターンやヒットルアーを掴むことにある。不思議なもので、磯を歩きながら釣るとポイントは変わっていくのに、ヒラスズ

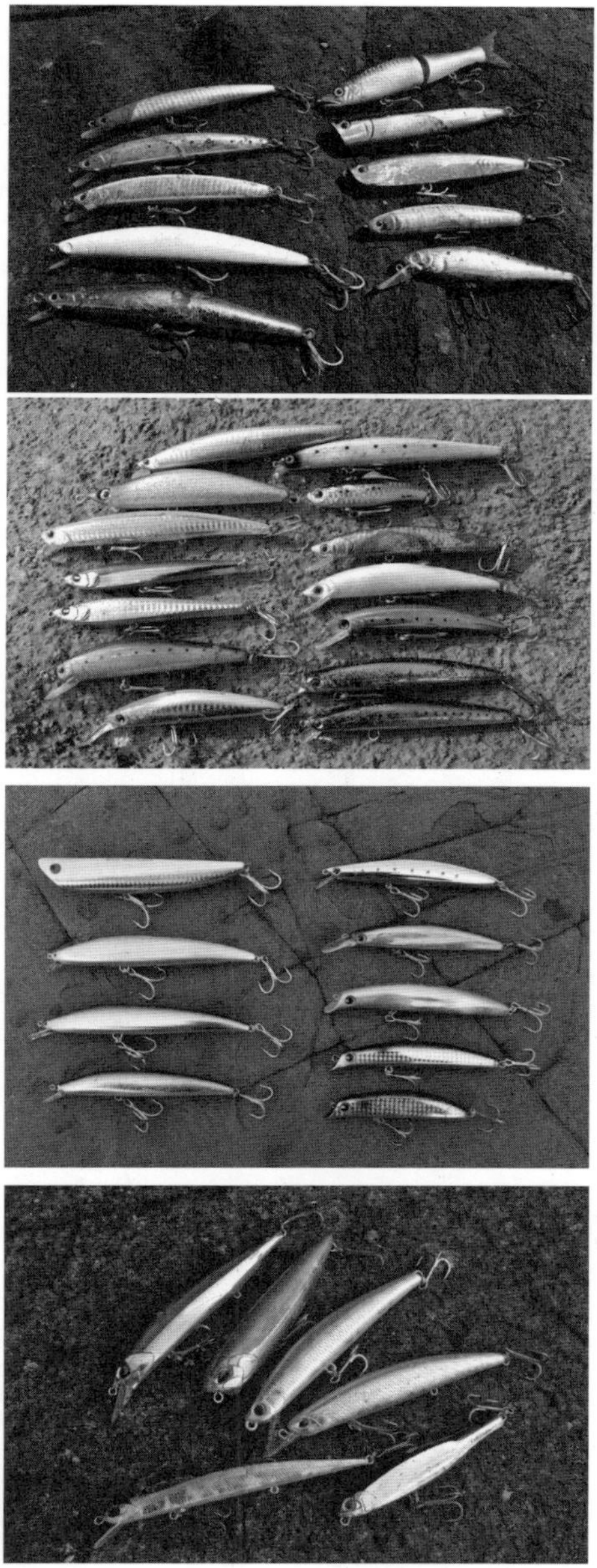

この釣りはミノーやトップ、シンペンの構成が圧倒的に多くなる。つまり、ローテーションもミノーやトップ、シンペン中心になる。ローテーションの点ではヒラスズキよりもシーバスのほうがシビアかもしれない

キがよく反応する共通の傾向、つまりその日のパターンが存在する。ルアーローテーションのセオリーは大切だが、あまりにもそこに引きずられないように磯を歩き、直感を信じることも忘れないようにしたい。

　セオリーの観点から考えると、バチ、稚アユ、コノシロ、落ちアユ、サヨリ、甲殻類、ヒイラギ、カタクチイワシなど、シーバスはさまざまなベイトパターンが解明され、ベイトに応じて使用候補となるルアーが絞られる。それに比べるとヒラスズキはベイトの大小がある程度で、パターンが細分化されていないのが実情だ。言い換えれば、パターンはそれぞれのアングラーの経験値のなかにあり、ルアーローテーションも自由だ。

　もちろん、大きく考えると典型はある。

　別項で触れた部分と重なってしまうが、ルアー本体に注目すると、「サイズ、飛距離、ルアーのタイプ」である。

　ルアーのタイプはシンキングやフローティングといったほか、ハイフロートやスローシンキングといった浮力加減も含まれ、さらにウォブリングやロールなどの動きもある。

　釣行日の釣り環境に着目すれば、サラシ、風、活性、足場の高さ、水深に合わせて選ぶことになる。

　これに季節的な傾向が加味される。

　どんなルアーも選択可能な環境下として考えると、基本はスタンダードなサイズから釣りがスタートし、低水温期なら大きめへのシフト、高水温期なら小さめへのシフトになる。

たとえば重心移動

　本書で重心移動について触れるのはここが初めてで、ここ以外にはない。

　飛距離を稼ぐ構造として誰もが知るところだ。対抗軸となる構造は固定重心で、固定重心の持ち味は立ち上がりの早さである。つまり、重心移動のルアーのなかには重心をスイム時の位置に戻すためにワンジャーク必要なものもあり、着水から泳ぎ始めるまでの立ち上がりにひと呼吸かかってしまうものもある。また、激しく動かしたときには重心移動球が後部に移ってしまうものもある。

当然、中空構造になり、バイト時の吸い込みに対するレスポンスが中身の詰まった木などで作られたソリッドボディーのルアーとは異なることがある。あえてたとえるならば、ロッドのチューブラーとソリッドにも違いがあるのと同じで、どちらがいいとは断言できない。

中空構造の重心移動タイプにもソリッドボディーの固定重心タイプにもヒラスズキに効く名作はある。大切なのは、偏らずに揃えて使うことだ。

テクニックを駆使する人は、重心移動のシンカーをあえて戻さずにサブサーフェスで引き波を立てて小細工を利かせる。レンジキープの点でもレンジの点でもこの釣りに向いており、ほかのルアーにはない独特の動きを演じられるため、突破口を開く可能性はある。

ルアーの素材には、木、ウレタン、樹脂、金属などがある。素材が違うと水絡みが違い、浮き上がりも異なってキビキビやヌメヌメとした動き方にも違いが出る。

木製は立ち上がりが早く、水押しが強いのが特徴で、レスポンスのよさを評価する人が多い。

ハイフロートといった浮力加減やシンキングの沈み加減も明暗を分ける場合がある。活性が低くて吸い込みが弱いとハイフロートでは浅いバイトになる可能性が高いものの、アピール力があるため、魚を惹きつけやすい。相手のスイッチが入っているときなら早く見つけてもらえる。狭いポイントで一瞬のリアクションバイトを引き出すときや活性が高いときに威力を発揮する。

釣りの常識から考えれば、ハイフロートタイプのルアーから使い始めるとよい。食いが渋ければスローフローティングやスローシンキングに変えるほか、ルアーを小さくする。

ベイトサイズが小さかったり、食いが渋いとルアーを小さくするが、その際に注意したいのはハリも小さくなってしまうところだ。

ヒラスズキは時に1mを超す大型も出るため、小さなハリや細軸はなるべく使いたくない。しかし、ルアーが小さくなると太軸や大きなフックを合わせられない。そんなときは短軸にしたり、それで間に合わなければ大きいサイズのシングルフックにする。

そのほか、サイズや軸の違いで重さを変えればルアーの動きを調整する小技も利かせられる。同じルアーを使ってもフックを変えるだけで別の誘いを演出できる。

ベイトが小さいと悩ましく、メタルジグや小型のソリッドベイトやジグミノーで狭いヒットゾーンをこじ開けなければならないこともある。速く沈むルアーを使ってもヒットレンジはほぼ表層から上層なので、早い釣りにならざるを得ず、キャストのタイミング、引いているときのわずかな間、小刻みなアクションなどテクニカルな釣りになる。

魚道110MD。ヒラメ釣り用に開発されたルアーも波打ち際での安定化が図られているのでヒラスズキに流用可能

レアリスジャークベイト120SP。同じサスペンドタイプの100㎜や120F なども揃っているバス用ルアー

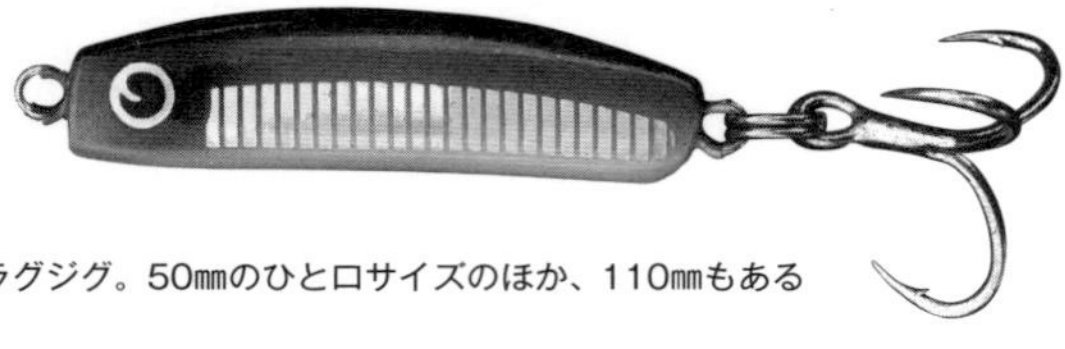

SSD。プラグジグ。50㎜のひと口サイズのほか、110㎜もある

ハードコアベイシャッド80S。ソルト用に設計されたシャッド。ティンセルフックがバイトマーカーにもなる

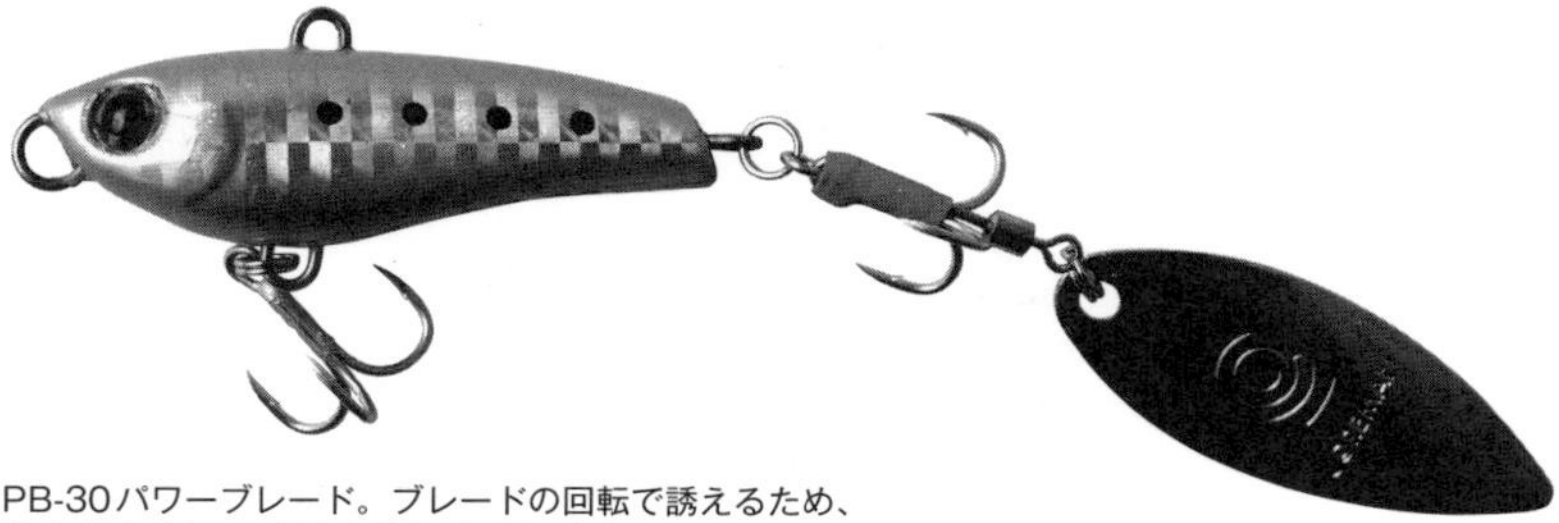

PB-30パワーブレード。ブレードの回転で誘えるため、
巻くだけでよい。ほかに20g と24g もある

ポットンロール。60㎜の小粒ジグミノーで、これにカップが
設けられたポップンロールもある

鮎邪ジョインテッドクロー改148ソルトカスタムタイプ F。
サイズはほかに178があり、タイプも F と S がある

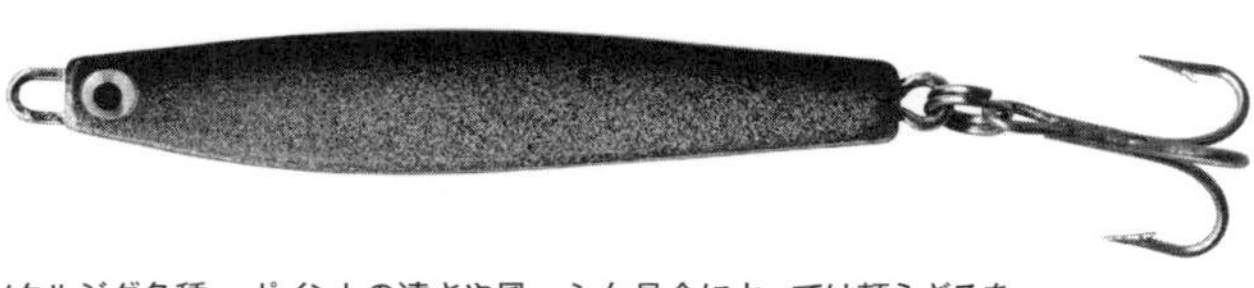

メタルジグ各種。ポイントの遠さや風、シケ具合によっては頼らざるを
得ない状況もある。1個は忍ばせておいて損はない

漂わせられるルアー

ベクトルの違い

シンキングペンシルは漂わせられるルアーの代名詞。これをマスターしたことで釣果が飛躍的に伸びたというアングラーは多い。荒れた海でやることが常のこの釣りにおいても、ルアーは投げたら巻くもので、巻きながらバイトを待つタイプのルアーがほとんどだが、シンキングペンシルを使った漂わせる釣り、いわゆるドリフト釣法は、誘いの過程において磯のフカセ釣りのように張らず緩めずのテンションを保ってポイントに送り込んだり、潮に同調させてバイトを引き出す。その点では巻いて誘うタイプのルアーとはベクトルが反対である。

シンキングペンシル=ドリフトという感じだが、これに縛られてしまうとふたつのことを見逃してしまう。ふたつともヒラスズキをキャッチするのに有効な手段である。

そのうちのひとつは、ドリフトメソッドを駆使できるルアーはシンキングペンシル以外にもあるということだ。シンキングミノーやリップレスミノーである。シンキングミノーで潮にルアーを噛ませながら漂わせると効く。逆にリップレスミノーは超がつくほどの強風のときは、リップ付きミノーで潮にルアーを噛ませながら漂わせると効く。逆にリップレスミノーはサラシが薄くて流れが速いときに有効だ。着水したらリップレスミノーを速めに巻いて潜行させ、あとは潮に乗せてドリフトさせる使い方である。

ちなみにシンキングペンシルのドリフト、いわば本家のドリフトもサラシが薄いときでも充分に通用する。逆に過度な荒れ模様だと使い手に高度な操作が要求される。

漂わせるときは潮に乗せるイメージなので、意識が海の流れに向かいやすいが、メインラインをわざと風に当てて誘導する方法もある。

キャストする方向は自分の立ち位置を基準にして潮上が断然やりやすい。潮下に入れると潮に乗せにくいためだ。潮下に入れた場合、テンションをかけすぎるとルアーのレンジが変わり、シンキングペンシルだと浮き上がってしまう。シンキングペンシルを緩めすぎると今度はレンジが下がりすぎて、最悪の場合は根掛かりを招く。そもそも、流すほどに自分から離れていくのでコントロールしづらい。

悩ましい状況はシケ上がりの波が暴れている状況である。風やサラシの方向はわかるが、その下の潮流を判別しにくい。波と潮流が拮抗していても同じ方向でも、どちらにしてもやりづらくなる。また、潮が止まった状態も持ち味を発揮しづらくなる。

残るもうひとつは、シンキングペンシルはドリフトだけで使うルアーではなく、巻きにも対応しているので、巻きのアプローチでもローテーションの一角に入れてよい。

潮流をどう考えるか

潮＝ベイト

釣り人にとって潮流はおよそ次のように種別化されている。

沖の本流、釣り場の中のメインストリームという意味での本流、本流に引っ張られる引かれ潮、本流や引かれ潮から派生するヨレ、反対向きに流れる反転流、釣り座に当ててくる当て潮、海面が鏡のようになる湧昇流、潜っていく潜り潮、そしてエアポケットのように潮の動きが鈍い潮溜まり。

いくら風が強くてサラシで海面が慌ただしくても、その下ではちゃんと流れの方向があり、潮は絶えず動いている。ほかの釣りでは潮の動きがクローズアップされ、釣り人も敏感になっている。ヒラスズキでもそれは同じである。潮が動いているほうがよい。

潮の動きはヒラスズキの活性に関わるほか、ベイトの動きに強く影響する。

岬状の地形では流れが速い場合が多く、少なくとも変化に乏しい奥まったところよりは動きがいい。即ち、ベイトの供給量が多い。

さらに、岬状の地形の釣り場はたいてい左右にワンドが控えている場合が多いので、釣り座を変えることは釣り場の質を変えることにもなる。岬が人気の釣り座なのはそうした理由だ。

冒頭で記した流れの種別もさまざま期待できるのが岬周りである。つまり、ベイトの供給量のみならず、溜まる可能性が高いのも岬周りである。

これに対し、横並びの変化に乏しい地形では単調な横流れが多くなり、それに引かれる潮はあるが、潮の出入り自体が盛んではなく、目立った反転流もできにくい。ということは、ベイトが溜まる場所が少なく、水深の違いによる流れの強弱が重要になってくる。

岬周りでは反転流近くの岩や沈み根を釣っていけば、ベイトと、そのベイトを意識しているヒラスズキに出会いやすくなる。

横並びの地形でも岩や沈み根に目を奪われるが、さらに水深の違いによる流れの変化に目をつけたい。

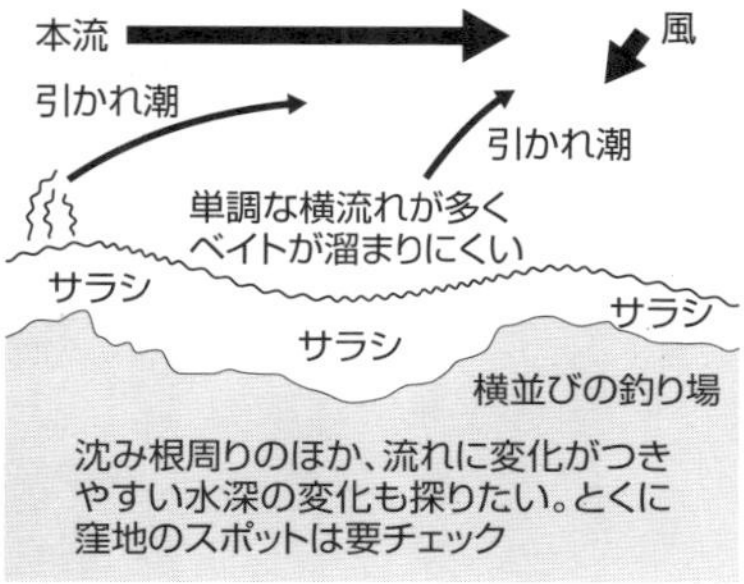

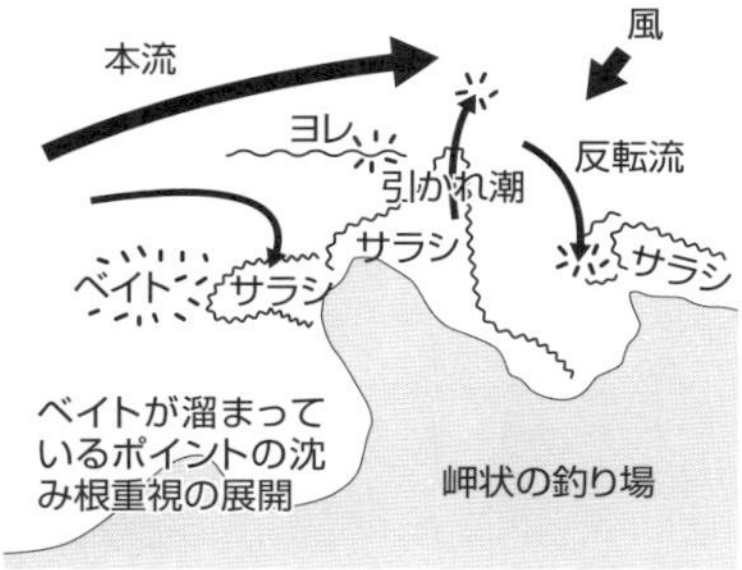

ミノー使いのキモ

レンジと波動と巻き速度の相関関係

ミノーに限らず、巻いて誘うタイプのルアーは、昔からいわれるように寄せ波がきたときには波の速さと同じ、もしくはわずかに早く巻き、引き波で巻き速度を緩めるのが基本だ。速く巻けばブルブルといった抵抗感が増し、波動も強め、ゆっくりはその逆だ。

活性が高ければ強いブルブルにもよく反応するが、ブルブル感ないように巻くのが現在のスタンダードである。

これも基本的なことだが、ミノーは速く巻くと深く潜ろうとし、ゆっくり巻くと浅いところを泳いでくれる。要は、ゆっくり巻くと浅めの一定のレンジを通しやすくなる。ロッドティップを上に向けて高く保持すると、より潜りにくくなるので効果的だ。

とくにシンキングミノーはテンションがかからないと沈もうとするため、「波風をかわしつつフローティングのように浅いレンジをチェックしたいときは有効」なロッドワークになる。

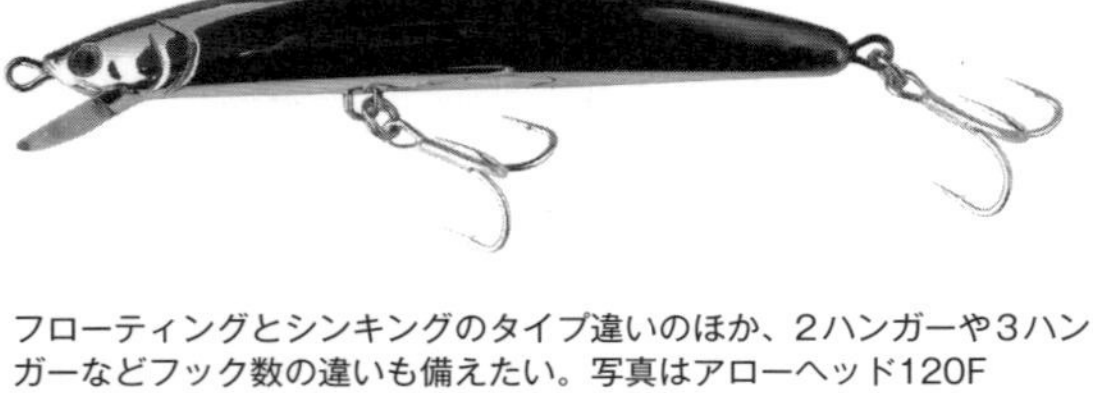

フローティングとシンキングのタイプ違いのほか、2ハンガーや3ハンガーなどフック数の違いも備えたい。写真はアローヘッド120F

ヒラスズキのヒットレンジは浅いことが多いため、バイト時の魚影もしばしば目に入ってくる。フッキングすれば問題ないが、アタったけど乗らなかったときにはバイトしたときのシチュエーションを見ているか見ていないかが差をつけるケースが多い。

安全確認のための観察も、キャストのタイミングを図るときの観察も、ルアーを引いているときも海をよく見て広い視野で観察するのがこの釣りの第一歩といってよい。

寄せ波で少し速く巻き、引き波でゆっくり巻いて誘っているときにミスバイトしたときは、レンジ変動しやすいため、「レンジをキープできるミノーはどれか」という観点で選ぶとよい。

寄せ波と引き波がはっきりしているときはウネリの日が多く、こんなときは寄せ波でミノーが持ち上げられ、引き波ではバタバタとした動きになったり、深く刺さろうとする。ここを一定のレンジでこらえるようにしたい。

シンキングミノーへのシフトもいいが、フローティングミノーをシンカーチューンしてもよい。ボディーの重心部腹側にウエイトシールなどを貼れば、喫水姿勢が下がって安定感を出せる。

風が強い日はラインが膨らみ、それを利用してミノーをスキッピングさせるとそれにもよく反応する。

さらに半水面で誘うときは後部にシンカーを貼る手もある。もっとも、こうすると普段の姿勢で水面直下でレンジキープという本来のアプローチはできない。

リップレスミノー使いのキモ

頭部を使い倒せ

リップレスミノーを投入するなら、曳き波（ウエイク=航跡）によるアピールは試したい。試すにはシケ上がりのバタついた状態でないほうが好ましい。バタついた日でも「ここならできそう」という場所があれば繰り出したい。

低速から中速の巻きスピードで曳き波を立てながらリトリーブしてくると、不意にゆらぎやヒラ打ちをしてくれる。リップ付きミノーもリップレスもシンキングペンシルもバイブレーションもただ巻きで使う分には小難しく考えずに釣れるオートマチックなルアーである。ただし、リップレスミノーの場合はオートマチックななかにも不規則な動きが勝手に加わる。これがミソだ。

寄せ波と引き波が延々と繰り返されるなか、引き波に乗せて少しの間、それこそ次に寄せ波がくるまで漂わせるのも有効だ。頭部のリップ形状から水を受け流してくれるので、引き波が当たっても過度に動かず、レンジも極端に変わらず、姿勢も保ってくれる。漂わせた直後にヒット、というケースが多い。

レンジキープ能力の高さ、潜行レンジはサブサーフェス。そういうところもヒラスズキ釣りに最適である。少しレンジを下げたいときはシンカーを貼る手もある。貼る場所によってルアーの動きが異なってくる。中心付近の腹側、つまり重心に張れば振り幅を大きくしようとするし、前後に貼れば逆に振り幅が小さくなる。ただし、前後に貼るときは泳ぎの姿勢をチェックしてからがよい。たとえば、前か後のどちらかだけに貼ってしまうとテールが下がってしまったり、頭部が下がって姿勢のバランスを崩しかねない。

もっとも、曳き波を強くしようと考え、

リップレスミノーも種類が増え、すっかり定着した。
写真はスカッシュ F125

シンキングペンシル使いのキモ

リップがない自由

　シンキングペンシルをただ巻きで使うとボディーを左右に弱々しく振りながら泳ぐ。ドリフトさせるまでもなく、これでも充分に釣れる。それで釣れるだけ釣ったあとに漂わせてさらに追加を図る。シンキングペンシルが瞬く間にヒラスズキ愛好者からの注目と支持と信頼を独り占めのように獲得したのは、それができるからだ。

　ただ巻きで使うときは、水中を突っ切るようにレンジキープさせるだけでなく、たゆたい、盛り上がり、引き下がる水面に合わせて上下動させる引き方でも試してみたい。ちょっとの差をヒラスズキが選り好みする場合があるからだ。シンキングペンシルなら、リップがないためその操作がやりやすい。もちろん、ロッドを構える角度やラインの張りといったコントロールが高度になり、イメージも非常に大事になるがマスターできれば快感である。

　ドリフトが得意なことからも透けて見えるが、このルアーはどんなときも「潮に噛ませてなんぼ」というくらいのルアーである。現場で巻きスピードを見極めるのが重要なルアーである。

　リップがないため速めに巻くとレンジが上ずりやすいのが特徴であり、ウイークポイントとして捉えられているが、深い場所で真下から突き上げて食うようなときにはキラーアクションに化ける可能性を秘めている。

　ただ巻きしながらときおりトゥイッチを混ぜる使い方が多い。

　あとは定番のドリフトである。ドリフトはラインが出過ぎているとやりづらい。つまり、遠いところでやるほど難しくなる。サラシが薄くても魚を出せるのでマスターする価値は大きい。サラシという絶対的ともいえる条件が手薄なときに魚のいる場所にルアーをナチュラルに誘導して口をこじ開けるまたとないルアーだ。手順は「投げる、ポイントの手前まで巻く、漂わせる」という感じ。

　このルアーの引き抵抗のなさに慣れない人は、リップ付き、リップレスのスローな巻きでローテンションの感覚を覚えていくとよい。ラインをフリーにしない限り、根掛かりは少ないので、率先して使いたい。

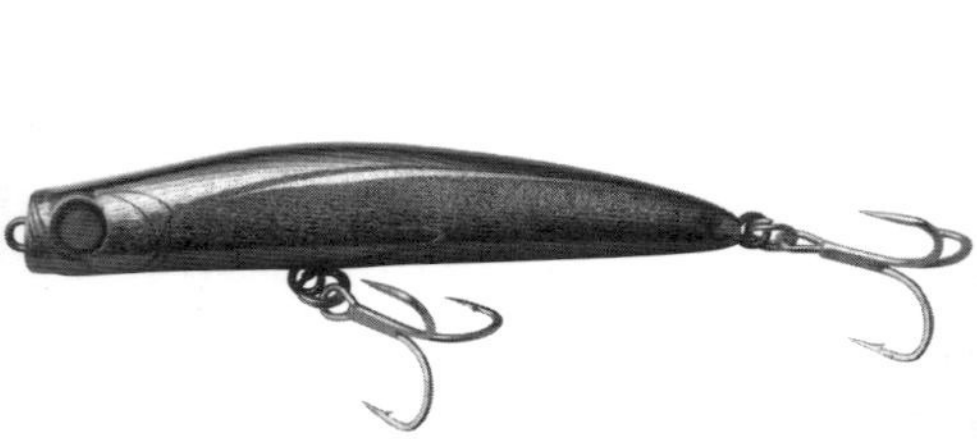

小さいわりに重さのあるシンキングペンシルはタフな状況に強い。写真はパンチラインマッスル80

トップウォータープラグ使いのキモ

春に多投したい

実戦投入して間もない、慣れていない場合は、サラシが広がるときと波が押し寄せるときがはっきりしている日のほうが操作の感触を掴みやすい。よって、強風が何日も吹いてこれから和らいでいくときが最適だ。ウネリが残っている状況はトップの威力を存分に味わえるだろう。そればかりか、シケ下がりでみるみるショボサラシになっていくときも貴重な1尾をもたらしてくれる。そういう日のほうがトップウォータープラグの持ち味が発揮されやすいわけだ。

ペンシルベイトだとちょこまかとしたドッグウォークでよく、ポッパーなら泡に絡める短めのポッピングがスタンダードで、目を付けたポイントで繰り出し、極端な話、あとは回収してもよいくらいである。ただし、サラシが一面に広がるような日、とくにシャローフラットでやるならピンポイントの一点だけではなく、線のイメージで我慢強く引いてくるほうがよい。

ちなみにポッパーには水しぶきを上げるタイプのポッパーとペンシルベイトの要素を備えたポッパーがある。これらはカップ形状と口径が異なっているので、ひとつのタイプで出ないからといって、「今日はトップに出ない」と決めるのは早計かもしれない。

使用時は、「いかに丸見えにさせないか」を意識し、岩や藻といった陰を利用してチラッと見せて姿をくらませ、再びチラッと目につかせるように操作するとよいだろう。

水温が高いときは追う距離も長いのでこれが有効だし、音やスプラッシュがあるから見失われることも少ない。サイズも水中に入れるルアーと違って幻惑させやすいため、ひと回り大きなサイズを使える。

食いが渋いと小さくするのがセオリーだが、トップウォータープラグならサイズを落とさずに飛距離を確保して釣り続けられる。

ただし、遠い距離だとフッキングしにくいため、アワセはトップウォーターの基本に徹し、焦らずに相手の重みが充分に乗ってから入れるようにしたい。

トッププラグもペンシルとポッパーの一本ずつは持参したい。写真はコンタクトフィードポッパー175

バイブレーション使いのキモ

基本は速め

巻いている限り小刻みな振動を放ち続けるバイブレーションは波動が強い。速く巻くほど振動は強くなる。一定のレンジを保とうとすると巻き速度は速くなりがちだ。ということは割と速めの巻き速度を軸にして、リアクションバイトで獲る戦略が合っているルアーである。

速く巻いているとバイトがあればフッキングしやすい。硬いロッドを使っていればガッチリ掛かりやすくなる。自重があるバイブレーションの悩みは、フッキングしたあとにエラ洗いされると外れやすいところだが、がっちり掛かっていれば幾分安心である。

前提としては、バイブレーションで釣っていて掛かったらエラ洗いさせないようにロッドワークすることだ。「浮きそう！」と感じたらすみやかにロッドを下に向けたい。

ヒラスズキ釣り経験者がバイブレーションを手にするときは、よほど海面が暴れているか食いが渋くてほかのルアーでは通用しないときである。

通用しない理由が海の荒れ具合やレンジの問題であったならば、バイブレーションを使って、さらに巻き速度をゆっくりにしても勝機はある。だが、レンジだけの問題ではなく、ヒラスズキに覇気がないというか、総じて食い気がないときにはゆっくりとした巻き速度では状況を打開できない可能性が高い。

低速や中速でのアプローチは、バイブレーションを手にするまでにさんざん試しているはずだからだ。

バイブレーションのオーソドックスな使い方は、ロッドワークというよりリーリングの調整である。速く巻くのとゆっくり巻くのを織り交ぜれば、縦の動きを入れられる。巻くのを止めればストップ&ゴーやリフト&フォールもできる。あとは水面まで一気に巻き上げたあとにカーブフォールも試したい。

細身でミノーライクなバイブレーションであれば、ジャークによるスライドも効かせられる。高速巻きでイレギュラーにヒラ打ちさせるのもよい。

フックサイズを変えて動きや波動を抑えるのも面白い。そこまでやって反応しなければあきらめもつくだろう。

バイブレーションといえども今では工夫を凝らしたタイプがさまざまある。写真はスライトエッジ90

やり取り

冷静と無我の境地

近年は割にゆっくりとした巻き速度で誘う場合が多い。PEラインの進化と普及から得られた恩恵だが、ゆっくり釣っていて掛かった場合は追いアワセを入れたほうがよい。相手が大ものであればあるほど、その後の走りは鋭く、力強いため、追いアワセを入れようとしてロッドを寝かせるとそのままノサれる可能性も高い。そのため、こちらも追いアワセは鋭く、素早く決めることが肝要である。

そのためには腰を落とした姿勢であったり、魚の向きを判断したロッドさばきであったり、リールのドラグ調節であったりと、突っ立っていては対処できない。とにかく、なにかとこまめに動かなければならない。

自分の動きで沈み根やロッドの長さ不足をカバーする。そのためにもグリップの利く信頼できるシューズがいる。

掛かったヒラスズキの動きに応じて立ち位置を変えて応戦する釣り人

紛れもない事実は、相手が大型であればあるほど、ファイトやランディングは難しくなる。ちょっとした隙やミスが痛恨の極みに姿を変える。そういった意味では、正しいノットやラインチェック、ハリ先のこまめな確認からファイトは始まっている。

シングルフックを使っていれば肉を裂く可能性があるため、繊細さと思い切りの加減が必要になる。小バリも強引なファイトをしてしまうと伸びやすい。

こちらができるだけ有利に持っていくためには、トレブルフックの2ハンガー、できれば3ハンガーを維持しておきたい。頭の向いたほうにロッドを倒し、ハンドドラグを使って相手を消耗させ、エラ洗いをしようとすればロッドを下に向けて封じる。徐々に勝利をたぐり寄せる。焦らないことだ。しかし、一心不乱に魚と向き合う。

広大なシャローフラットでポイントが遠いところやシケが激しいときはロングロッドが融通が利くのは、掛けるまでの過程だけでなく、掛けたあとにもいえる。

ラインが岩に引っ掛かったらロッドを煽って解消しようとするが、その際は長いほうがいい。もっとも、バイトに対して初動でフッキングパワーを伝えるには、長すぎると腕力を要するし、足元に寄せてからは長さがアダになる場合もあるので、ロッドの長さに対しては誰しも悩む。そんな思いを経てヒラスズキとファイトするとき、自分にしかわからない恍惚感に襲われてしまうのである。

もし、ラインが岩に掛かって取れないときは、ラインをフリーにして魚の動きに任せるしかない。

ランディング

最後のツメ

1尾の魚と命を引き換えにしてはならない。ランディングは、釣行のなかで一番危険なときである。獲ろうという意識が働き、注意と視線が魚に向くためだ。おまけに一歩も二歩も前に出ようとしてしまう。

こんなときにランディングのヘルプをしてくれる人がいるといないでは雲泥の差だ。「ヒラスズキはキャリアに関係なく同行者と行け」といわれるのはそのためだ。キャリアが浅ければなおさらである。

波の動きに応じて岸にズリ上げたあとは、フィッシュグリップで掴み、素早く安全なところまで退くようにしたい。長いグリップがこの釣りに向く。写真はスミスグリップ2700（下に映る自動膨張式ライフジャケットはこの釣りでは使えないので注意）

ランディングの基本は足場で考えたい。浅いところは岸にズリ上げて、波の危険を充分に確認したのちにフィッシュグリップ等で掴んで直ちに戻る。深いところはネットを使う。ギャフは荒れたなかで難度が上がるほか、リリースできないため一考の余地がある。

とはいえ、相手が中型までならズリ上げも楽だし、ロッドによっては抜き上げも可能だ。問題は、ファイトもランディングも大型魚の場合だ。

ネットを使えれば魚へのダメージが最も少なくて理想的だが、海面状況によっては取り込みがとても難しくなる

沖で掛けたヒラスズキを波打ち際まで寄せてきた。勝利まであと一歩だ

ズリ上げのとき、魚体がある程度地面に出てしまうと、それ以上ロッドを曲げないほうがよい。「もうちょいズリ上げよう」とすると、最悪の場合はロッドが折れる。ズリ上げるときは波の力を利用して招く。やり損なったらテンションを保ってラインを送り出す。フリーにすると底根のカキ殻などにラインが引っ掛かる可能性あるため要注意だ。

波打ち際近くまで寄せたときに大波がくると、たとえ大型のヒラスズキでも波に飲まれていったん打ち寄せられるが、今度は引き波に乗じて逃げようともするからラインテンションとドラグ調整を頭の片隅で気にしておき、即対応できる態勢にしておきたい。

首尾よくランディングに成功したら、キープかリリースかは本人次第だ。ヒラスズキの昆布締めは舌が踊る旨さだ。

リリースするときは、ヒットした場所や取り込んだ場所で返さないほうがいいといわれている。それをやると不思議とその後のヒット数が落ちてしまう。

ロープは完全に信用しない

もしも……

今から100年以上昔の話題になるが、明治時代の測量に壁のように立ちはだかっていた山がある。剣岳だ。文字通り壁のような山容は、人間の踏査を拒んでいた。ちょうど西洋のアルピニズムが日本に入ってきた時代でもあり、測量隊は紆余曲折を経て剣岳の頂に達した。そこで目にしたものは、修験者がすでに築いていた小さな祠だった。

難攻不落といわれた剣岳は、一方で信仰の対象として山を崇めた修験者によって登攀ルートが確立されていたわけだ。測量隊が愕然としたのは言うまでもない。

なんのたとえかといえば、磯も人によって無理なところもあれば、すでに進入ルートができ、一部の人が行けるところもあるということだ。

磯歩きをしていると、なぜこんなところにロープが掛かっているのだ、と驚愕すら覚える光景に出くわす。

登山にしろ磯にしろ、ロープは人間が歩けないところを行けるようにしてくれる。

磯釣行では懸垂下降も多く、そこにロープがあることも多い。しかし、ロープがあるからといって安心して利用すると危険であるのを知っておきたい。そのロープはいつ掛けられたものだろうか。野ざらしで陽射しを浴びて紫外線で劣化している可能性もある。安心ではなく、むしろ疑いつつ、油断せずに使うくらいがちょうどよい。

それでもロープに頼らねば進めないところは多い。しかしながら、使うときは補助的に使うこと。間違っても両手で握り、全体重をかけないこと。片手は斜面の木などを握り、荷重を分散してロープにはなるべく負荷がかからないようにするのが鉄則だ。

また、同時に複数人で握ると荷重が一気にかかってしまうため、ひとりずつ利用する。使ったあとは、次の人が使うことを考えて使いやすい位置に戻す配慮も必要だ。

危険な場所にあるからこそ、もしものときは重大なことになる。たとえ切れても身体をそこで保持できるようにしておきたい。

誰が設置したのか、断崖に垂れ下がるロープ

エピローグ　実はヒット数の多い釣り

重量感をともなった荒々しい引きと執拗な抵抗、砕け散る白波を切り裂くように踊り出る闘志溢れる姿こそヒラスズキの持つ本質的な魅力である。

銀箔をまとったような魚体は、飛び出したサラシのなかでは不思議と黒々としていて、めいっぱい開いたエラブタから垣間見えるエラはたぎっているかのように赤い。これがいい日に当たれば幾度となく体験できる。

そう、ターゲットはアタリの多い魚なのである。道のりの険しさやロケーションの壮大さから、幻、厳かと形容されるヒラスズキだが、自然を侮らず危険を排せば、パラダイスが待っている。

魚を手にしたときの甘美な夢心地は、実は冷徹で動じない準備と行動によってもたらされる。

先行者がいたら、その人よりも先回りして釣らないのがルール。距離が近ければ挨拶し、一声かけて情報交換しよう。そのちょっとした行ないが、無二の親友との出会いになるかもしれない。

単独釣行はリスクが上がる。複数釣行は手助けや協力、判断等でリスクを下げられる。この釣りはリスク管理能力が必要不可欠だ。

本書で紹介しきれなかった名作ルアー、名機、名竿はまだほかにもある。

名作と出会う最善の方法は釣りに行くこと。自分の体験を通じて必要が明確化されるからだ。また、駄作も工夫次第で名作になったり、特定の条件下で異常な強さを発揮するようになる。これを発見すると確実に一歩成長している。「美人は三日見たら飽きるが、ブスは三日見たら慣れる」じゃないが、有名ルアーはそれだけ使う人も多く、そうなると操作法もレンジも決まって、魚からすれば「またあいつか」となる可能性は否定できない。しかし、違うルアーをうまく操れれば、新鮮な誘いになるかもしれない。

釣り以外でもよくいわれるが、自分のストロングポイントを見つけ、それを磨けば、自分のウイークポイントを克服するヒントが見つかったりする。

どのルアーも巧みに操作できるのが理想だが、不得手なルアーは必ず出てくるもの。もちろん、弱点がわかっただけでも成長ではある。

自分がどんなスタイルの釣りをするのか。強さはどこか。その確立を標榜することがなんと楽しいことか。

将棋にしても、スポーツにしても、趣味の世界でそれができるのは素晴らしい。釣りだけはほかに代わりの利くものがない。なにしろ相手は海の中である。人間とは相容れない世界の生きものとの1対1の勝負（ゲーム）である。

さまざまな状況をしっかり想定して準備しておくのが大切で、準備不足が生命に関わる釣りであることを理解してこの釣りを謳歌してほしい。

最短最速でヒラスズキを釣る！
スタンバイからキャッチまでに必要な４つの扉

2018年4月1日発行

編　者　ルアーパラダイス九州編集部
発行者　山根和明
発行所　株式会社 つり人社

〒101-8408　東京都千代田区神田神保町 1-30-13
TEL 03（3294）0781（営業部）
TEL 03（3294）0766（編集部）

装丁・デザイン　DTP pro.
印刷・製本　図書印刷株式会社

乱丁・落丁などありましたらお取り替えいたします。

ISBN978-4-86447-314-9 C2075
つり人社ホームページ　https://tsuribito.co.jp/
ルアーパラダイス九州オンライン　https://lurepara.tsuribito.co.jp/
釣り人道具店　http://tsuribito-dougu.com/